AF578423

Todos los tiempos

Gabriel Desmar

ISBN 9798352394236

Ciertas visiones

Algunas brisas circulan en los cabellos,
esencias de múltiples tiempos traen,
fragmentos de universos que transitan,
desde infinitos lugares sin retornos.

Son imágenes como ciertos destellos,
que aparecen sin más desde la nada,
que se desplazan dejando estelas,
como luciérnagas en oscuras noches.

Algunos caminos fueron sin sentidos,
y arrastran restos de espacios quebrados,
que flotan como asteroides perdidos,
de esos mundos que se transitaron.

Todo se amalgama en los pensamientos,
como un collar de perlas de tiempos,
que conforman un todo al estar unido,
pero cada una es un universo irrepetible.

Y la brisa pasa esta tarde en el mar,
viene arrastrando todos esos senderos,
que a veces la vista ha dejado de percibir,
y hoy regresan cruzando ocultos portales.

Leves pasos

El sol ha dejado de alumbrar este día,
la sombra de los árboles se retrae,
ya no se caminan más estas veredas,
se ha dejado de ver el mar y la brisa.

En los pasillos vacíos, una sombra cruza,
quizás son los pensamientos que quedan,
todo sigue igual en las cornisas y ventanas,
la naturaleza sigue su curso inexorable.

Un silencio se disemina en la tarde,
lejanos ruidos sordos recuerdan la vida,
el azul de las aguas interminables transcurre,
el tiempo sigue su cadencia infinita.

Sólo se detuvieron algunos pasos,
los demás siguen su interminable marcha,
gastando las suelas en las baldosas,
y la mirada en paisajes siempre iguales.

Los relojes rompieron todos sus resortes,
el agua se vació de las clepsidras,
las manecillas se quedaron quietas,
en este día igual que tantos otros.

Un viaje lejano

En esta fría mañana aún oscura,
se durmieron las palomas en las ramas,
los cerrojos sonaron a lo lejos,
las habitaciones se vistieron de soledad.

Los pasos presurosos de los días,
se han detenido para siempre,
la mirada se perdió en el misterio,
los días llegaron al final del sendero.

Largas jornadas sobre las brisas,
el sol fue perdiendo su brillo,
la visión atravesó sólo silencio,
nuevas dimensiones se abren hoy.

Los pasillos están como siempre,
multitudes los cruzan y van y vienen,
nada ha cambiado en sus pasos,
la realidad no se detiene por nadie.

Así se llega al último camino,
y en la tranquilidad de la tarde,
los pensamientos se convertirán en humo,
y sólo quedarán residuos de arena.

Regresos

Soy como otra persona que transita espacios,
busco mis pasos en esos tiempos distantes,
un aire de felicidad circula desde antes,
ciertas brisas perdidas rozan mi rostro.

No busco nada concreto en esos lejanos mundos,
sólo regreso a encontrar mis huellas,
esas miradas que quedaron perdidas,
esa parte del ser que se quedó rezagado.

Tantos rostros y tantas voces lejanas,
se diluyen en esa niebla difusa,
y sólo queda la visión de mis pasos,
y voy tras ellos desde estos días presentes.

Son resonancias desde algunos lugares,
que de alguna manera misteriosa,
entraron en mí y se quedaron en la mirada,
como la luz de una pintura imborrable.

A veces regreso sin siquiera saberlo,
a esas volutas de tiempos atrapados,
y una atmósfera de otro espacio me envuelve,
y llega una lejanía, y una ausencia irremontable.

La Palmera

Ayer llegaron las sierras y camiones,
cortaron una palmera frente a mi casa,
molestaba a los cables eléctricos dijeron,
y derribaron al ser verde de unos cien años.

Allí vivían unos pájaros vecinos,
que a veces me cantaban en la ventana,
me contaban sus cosas con sus trinos,
y tenían sus nidos por generaciones.

Era el comienzo de la primavera,
los nidos estaban con crías y huevos,
al salir a la calle, los encontré todos esparcidos,
la muerte se hizo presente en el cemento.

Eran ocho chincoles y dos cuculíes,
regresaron cuando todo hubo terminado,
miraban incrédulos su desaparecida palmera,
bajaron, buscaron y no entendieron.

Han pasado varios días y no se han ido,
se posan en el muro y llaman a sus crías,
quizás esperan que el árbol crezca de nuevo,
cada amanecer cantan en mi ventana,
ocho chincoles y dos cuculíes.

Entre brumas

Mis pensamientos viajan a otro tiempo,
a lugares lejanos perdidos en la niebla,
una niebla irreal que cubrió todos los pasos,
que convirtió todo en algo irreconocible.

Los rostros se deshicieron como si fuesen de arena,
quedó sólo flotando un aroma en el aire,
y ya no se encuentran más en esos caminos,
aunque los transite una y otra vez algunas tardes.

Eran castillos que existían en ciertos pasillos,
que conectaban con incipientes sueños,
y desde sus torreones se miraba el destino,
allá lejos, como un reino lejano perdido en el tiempo.

Algo inexplicable transportaba el viento,
que llegaba en esos atardeceres frente al mar,
una especie de eternidad se instaló en la arena,
y quedó grabada en aquellos verdes senderos.

Una lejanía se hace presente desde las grietas,
una distancia inconmensurable se interpone,
en un extremo se encuentran esos mundos perdidos,
y en el otro aún camino atisbando entre la bruma.

Kintsugi

Caminando con ciertas sombras en la mirada,
arrastrando algunas mohosas cadenas,
se traspasan páramos difíciles de transitar,
fragmentándose el ser en tantos caminos.

Ya poco queda de lo que era en el principio,
las noches llegaron en ciertas estaciones,
y aparecieron algunas grietas en las manos,
en el rostro y también en los pensamientos.

Y como si mi ser fuese de una especie de cerámica,
todo en él se ha ido craquelando en el sendero,
miro hacia los primeros días ya lejanos,
y observo que ya no soy el mismo que empezó.

Para sobrevivir fui reparando esas grietas
para no terminar disgregado en fragmentos,
pacientemente me fui rehaciendo mientras seguía,
pero en todo mi ser quedaron cicatrices.

Lentamente como un artesano del Kintsugi,
les di un brillo dorado a mis tantas fracturas,
ciertamente ya no soy el mismo,
pero espero ser un poco más sabio
y también más valioso que cuando inicié el camino.

Percepción errónea

Como si mi tiempo fuese infinito,
a veces caminaba entre hojas y ramas,
absorbiendo ese bálsamo inconsciente,
como si todo ello fuera para mí.

Sólo una leve brisa se me había otorgado,
y mis jóvenes ojos no lo podían percibir,
en esa vasta inmensidad, era un ser inmortal,
todo el universo orbitaba solo para mí.

De pronto algunos días aparecieron más grises,
me llegaron indicios que el tiempo se terminaba,
el mundo ya no giraba sólo para mí,
yo era sólo una partícula en una multitud.

Empecé a ser más cuidadoso con mis pasos,
caminé buscando en todos los rincones,
ahorrando el tiempo como una avaro,
como no queriendo gastar los restos de un tesoro.

Un día cualquiera sin siquiera esperarlo,
todo ese universo se empezó a fragmentar,
había una fragilidad en mis manos y en mi mirada,
y lentamente me fui diluyendo como sal en el agua.

Desde arriba

Las horas pasan sobre las nubes
blancas y brillantes de la mañana,
una tierra ocre y violeta se insinúa,
allá abajo en los parajes desérticos.

Es la eterna inmensidad de la nada,
un patio olvidado del planeta,
que contemplo en este nuevo día,
como hace tanto que lo hago.

Hace 35 años que cruzó éstas rutas
y también otras más lejanas,
por todos esos caminos que aparecieron
frente a mis ojos sin haberlos buscado.

Antiguos ríos secos serpenteantes
están pegados en la ocre arena,
perdidos en la inmensidad perenne
de las calcinadas llanuras de Atacama.

Paso por los grandes tranques azules
que riegan algunos verdes valles,
en ese paisaje lechoso del verano
dónde aparecen estas visiones dormidas.

El descubrimiento

Un día encontré una pequeña brizna en el campo,
tiré de ella y traía enredado desde lo profundo,
un mundo desconocido, no descubierto aún,
era algo infinito que se habría y llegaba a mí.

Espero que entre toda esa multitud,
por sobre el ruido del tráfago cotidiano,
aparezca una mano que tome esa brizna,
para que descubra un universo nuevo.

Muchas veces están escondidas a nuestros ojos,
pensamientos que circulan por otros caminos,
que traen una brisa nueva a estos paisajes,
que a veces se han tornado grises con el tiempo.

Hay una especie de olvido de las cosas,
ciertas sensaciones permanecen herméticas,
ocultas sin quererlo porque no han sido vistas,
que constituyen un descubrimiento inesperado.

Yacen en los pliegues de un largo olvido,
a la vera de las corrientes que pasan,
son mensajes que florecerían en los ojos,
si alguien algún día los encontrara.

Observando el mar

Miro allá en la distancia las aguas azules,
con vetas celestes que la cruzan,
observo tras una bruma levemente gris,
aquellas playas en que tanto había nadado.

Las blancas estelas de las embarcaciones,
quedan como cicatrices en la superficie del mar,
y el cerro de colores violetas se yergue imponente,
marcando su geológica presencia en el paisaje.

Las olas son mensajeras de otros mares,
arrastran historias de lejanas épocas y lugares,
y las deja aquí en esta playa donde observo,
abriendo puertas trayendo otras dimensiones.

Quizás fuimos seres marinos en otras épocas,
ya que en lo profundo de nuestro ser,
siempre el mar trae recuerdos ancestrales,
que están en lo profundo de nuestras fibras.

Hay una liberación al caminar por la arena,
nos recuerdan lugares que no hemos transitado,
nos fusionamos de pronto con toda esa naturaleza,
que un día cualquiera dejamos de mirar.

Esperanzas

Algunos días tienen una luminosidad especial,
algo se desprende del cielo y nos envuelve,
traen una paz que se esparce por doquier,
llegan destellos de felicidad a la mirada.

Cuando la esperanza está olvidada,
se abren a veces abandonados portales,
trayendo trozos de cosas buenas perdidas,
que iluminan inesperadamente el presente.

Son trozos de luminosidad que caen,
que ruedan desde regiones desconocidas,
que ciertas tardes nos regalan sueños,
haciendo más transitable el suelo que caminamos.

La mirada se torna más viva en esos días,
de pronto se abren senderos nuevos,
es como una explosión de creatividad,
que llena todos los rincones de la vida.

Es un motor silencioso que nos lleva adelante,
lava las gastadas fuerzas retraídas,
una energía casi infinita circula por la venas,
al caer en la mirada una semilla de esperanza.

Anuncios de oscuridad

Los días transcurrían como tantos otros,
el verano llegaba a su fin y se asomaba el frio,
pero como en una correlación enigmática,
apareció sin esperarlo un mensaje perturbador.

El tiempo pareció detenerse esa tarde,
oscuros presagios traía el viento,
también traía lágrimas entre sus pliegues,
todo eso arrastraba el destino desde allá lejos.

Cae un hilo de agua cargada de nada,
se interna en los leves pensamientos,
hay una especie de soledad en ella,
que invade los campos que camino.

Las manecillas del reloj siguen girando,
pero ya están en reversa contando las horas,
que en un universo extraño se van terminando,
alejándose cada vez más de la mirada.

Todo empieza a desvanecerse adelante,
se sienten campanas que tocan cadenciosas,
un manto de soledad se presiente en lontananza,
la mirada y las manos se apagan lentamente.

La vida

Mientras hacía planes para el futuro,
este llegó a mi puerta sin darme cuenta,
todos los años se habían diluido en el tiempo,
un tiempo que pasó por entre mis manos,
mientras gastaba mi presente.

Toda la vida era la que ya había vivido,
mientras planificaba vivir otra distinta,
y cuando quise vivirla, ya no quedaba tiempo,
se había terminado mientras soñaba.

Todo había sido algo improvisado,
era como un campamento temporal,
total, lo definitivo, estaba por llegar,
y no importaban los pasos del presente.

Era todo lo que había que haber comprendido,
el futuro está allá lejos, lejos de mis manos,
mis senderos están llenos de presente,
que debo caminarlos hoy, lento y como definitivo.

El futuro quizás llegue en algún momento,
y quizás… sólo quizás, será como lo soñé,
y paso malgastando todos mis días en ese sueño,
viviendo siempre un improvisado presente.

El viaje

De a poco llega un sopor silencioso,
trae enredado entre sus vahos,
algunos misterios para ser revelados,
y así traer luz a las zonas en penumbras.

Las madrugadas aparecen siempre,
el ruido de las máquinas se hace presente,
una brisa helada cruza por mi rostro,
despertando los pensamientos dormidos.

Los caminos se han borrado con el tiempo,
las cosas importantes de antes se diluyen,
se generan nuevas cosas en el presente,
y todo fluye atravesando otros senderos.

En las postrimerías de un largo viaje,
aparece una nueva estación en la distancia,
es un destino diferente que vislumbra la mirada,
un mundo que se revela en la floresta.

Incertidumbres se diseminan en los árboles,
la anterior estación yace casi en el olvido,
se inicia un nuevo destino allá en el horizonte,
en esos espacios abiertos con verdes praderas.

Pensamientos inconexos

Se aproxima el final del tiempo,
algunas campanas tañen a lo lejos,
son sonidos que avanzan por el aire,
y se pierden en esquinas olvidadas.

Se superponen visiones difusas,
escenas como en un caleidoscopio,
que se presentan todas inconexas,
provenientes de ciertos mundos ya perdidos.

Son como mensajes en clave,
que transitan por ocultos caminos,
que orbitan en el universo que habito,
y a veces aparecen olvidados fragmentos.

Hay como una superficie que camino,
cimentada en profundas raíces,
los misterios y preguntas se marchitan,
y se cierran las cortinas en todas las ventanas.

La realidad se deposita sobre los ojos,
todo está dividido en pequeñas piezas,
algunos conocimientos no me fueron revelados,
y mis ojos transitaron por otros senderos.

Extinción

Un sinsentido de las cosas se decanta,
una sensación de estación abandonada llega,
un fluir de tiempos gastados se precipitan,
en esta tarde completamente ausente de todo.

La incertidumbre sobre los campos aparece,
sobre el sentido de la vida también se plantea,
sobre estos extensos tiempos que llegaron,
después de atravesar otros tantos ya olvidados.

¿Cuantas personas fui en esta aventura?,
¡muchas pieles habité para pasar parajes!,
fueron quedando en todos los caminos,
fui como renaciendo de a poco en cada paso.

Pensamientos incomprensibles llenos de claves,
sombras de otros que oscurecen mi mirada,
cientos de senderos de almas perdidas,
cruzan los campos que voy transitando.

Todo ya se hace más silencioso en estos parajes,
la soledad se siente como un bálsamo sanador,
ya nada importan todas esas voces con su verdad,
ellas se pierden en el inmenso interior de mi mirada.

Un arpa azul

Un arpa azul se escucha entre las aguas,
disemina sus apacibles notas en el paisaje,
mientras un suave rocío como un manto,
cae sobre el pasto verde de las orillas.

Como una cascada de finas hebras blancas,
así se precipitan las melodías en la tarde,
liberando ciertos sueños desde sus cuerdas,
que atraviesan senderos ocultos de la mente.

Una especie de calma circula por la mirada,
es un bálsamo sanador de posibles fisuras,
que a veces ni siquiera sabemos que las llevamos,
y desaparecen cuando las melodías llegan.

Son especies de ondas que viajan por la mente,
van restaurando lo que se haya perdido,
van posicionado la importancia de las cosas,
crea una relajación en todas las esquinas del ser.

Hay un poder oculto en las cuerdas que vibran,
el arpa azul trae mensajes de otras dimensiones,
que caen por todos los rincones como una luz,
que calma la mirada y da nueva vida a los pasos.

La espera

Muchos trozos de cielo caen esta tarde,
entre sus escombros aún brilla el azul,
y por entre los forados del firmamento,
entran rayos estelares a iluminar la vida.

A veces las esperas cruzan eternidades,
el silencio se esparce en inexistentes mensajes,
figuras danzan a lo lejos como espejismos,
los caminos están solitarios de toda voz.

Las lluvias y la nieve entre los bosques de pinos,
entre las cabañas de maderas bajo los árboles,
traen una sensación de mundos nuevos,
de otros pasos a otras lejanas dimensiones.

Se cerrará por esos campos mi última puerta,
pero no tienen real importancia los lugares,
el camino es lo que nos lleva a otras luces,
sólo hay que disfrutar el cambiante paisaje.

El silencio se percibe por entre las maderas,
los mensajes se pierden entre vacíos espacios,
una sensación de olvido circula por la mirada,
una quieta y pesada espera cae sobre la esperanza.

Una mañana de otoño

El verano desapareció casi sin notarlo,
el calor del día se fue esfumando de a poco,
una brisa marina persistentemente más fría,
alcanzó con sus dedos los cálidos paisajes.

En el norte de Chile, a orillas del desierto,
no hay árboles que cambien de colores,
no hay hojas que sean arrastradas por el viento,
sólo hay más frio y las nubes son más negras.

Quizás el mar entre en una etapa más furiosa,
marejadas se dejan sentir por largos días,
las playas se visten de esa espuma batida,
que generan las olas al golpear en las rocas.

Si, los otoños a orillas del desierto son distintos,
no tiene que ver ni con ríos ni con lagos,
tampoco con bosques, flores o sembradíos,
ni con estaciones más lluviosas que el verano.

Es como un cambio de signo solamente,
el paisaje se torna más frio y más gris,
las mañanas son más oscuras entre las arenas,
y las olas retumban en esos días intensos,
alzando sus penachos con el viento del otoño.

El paso de los días

El tiempo se escurre por invisibles fisuras,
sin siquiera percatarme se acaban los días,
todas las voces y los mensajes se pierden,
y queda una sensación de vacío circulando.

A veces se espera algo desde la lejanía,
pero los campos permanecen mudos,
la brisa marina se repliega en las olas,
y la arena ya no es arrastrada por el viento.

Los días pesan como troncos milenarios,
las esperanzas se estancan en los lagos,
el brillo de las luces postreras de la tarde,
trae una luminosidad precaria al paisaje.

Las imágenes se construyen en el aire,
se respiran bosques de verdes follajes,
se tejen caminos que se pierden en la niebla,
desde lo alto todo se percibe distinto.

Hay un silencio demoledor en las paredes,
todas las puertas ya se están cerrando,
y con la mirada puesta en el horizonte,
sólo se atisba el olvido entre la bruma.

Sensación de final

Cae pesado un tiempo misterioso que llega,
una sensación de final circula por las venas,
un vacío se arrastra desde ignotas regiones,
una campana solitaria tañe en medio del bosque.

Es como haber abandonado los caminos,
como si la vida ya se hubiera terminado,
pero aún camino por todas las veredas,
en un mundo incierto dudando de mis pasos.

El cuerpo sigue funcionando como siempre,
es la mente la que ya abandona los lugares,
un hastío se apodera de los pensamientos,
una sensación de espacio exterior vacío llega.

Las bóvedas reverberantes de las iglesias,
con su aire místico de tiempos antiguos,
traen todos esos pasos que pasaron por mi vereda,
todos esos lugares que ya no son habitados.

Aún circulan en las ojivas algunos cantos,
en los vitrales danza toda esa luz de la tarde,
es el tiempo que no tiene prisa y se detiene,
en esos pasillos interminables de los días.

Una profunda quietud

Las mansas aguas de una laguna están quietas,
el sonido de insectos del bosque inunda todo,
una soledad cruza todos los verdes senderos,
un sopor cae por los troncos de los árboles.

Una especie de inquietud provoca este paisaje,
todo lleva a que las cosas permanezcan quietas,
como si las fuerzas propias de la vida se fuesen,
por los senderos de las rocas y todas esas ramas.

No es fácil sacudirse de esas sensaciones,
ponen lenta la mirada y los pensamientos,
y se queda la mente encerrada en esos muros,
apagando la iniciativa, los pasos y las manos.

Es necesario tomar atajos para salir a claros,
elevar la mirada por sobre todas esas paredes,
buscar salidas secretas en los senderos,
ampliar la atmósfera hasta otros horizontes.

Nuevas energías cruzan la mirada y la mente,
otros cielos se precipitan sobre los campos,
una sensación de renacer cae desde lo alto,
abriendo portales hacia nuevas dimensiones.

Retazos

Ciertos retazos de épocas pasadas se perdieron,
habían hebras con brisas enredadas en sus hilos,
algo transformó todo y los caminos se envejecieron,
la mirada perdió su brillo y nadie fue el mismo.

Cómo si un túnel conectara a veces capas de tiempo,
ciertos días se puede regresar por esas dimensiones,
caminar todos esos lejanos y desaparecidos caminos,
y volver a sentir el sol de esos mundos perdidos.

Son espacios disgregados, casi inexistentes,
son personas con rostros difuminados que pasan,
es un ejercicio de traslación a esquinas rotas,
son escenas de mundos que cada vez se alejan.

Circulan destellos con voces cada vez más tenues,
quizás nunca estuve en todos esos parajes,
son sólo imaginaciones que deambulan solas,
y a veces entran por mis ojos sin ser realmente mías.

Las personas y el paisaje se van poniendo grises,
hay escombros de lo que se va desintegrando,
y en un portal que absorbe las últimas miradas,
se termina todo sin dejar rastro de los pasos.

Ruidos

Las mañanas frías de finales de otoño,
junto a los pasillos vacíos de los edificios,
traen una sensación de soledad al paisaje,
como una ciudad abandonada por todos.

Las horas perdidas bajo el cielo gris celeste,
cobijan vociferantes repitiendo mantras,
son sólo leves murmullos en la inmensidad,
el sentido de la vida traspasa los senderos.

Tantos lugares siempre iguales se superponen,
nada tiene sentido a veces en las cornisas,
sólo se siente el aire marino que circula,
trayendo una claridad a los pensamientos.

Las claves todas ya están escritas en el aire,
sólo hay que saber interpretarlas en la bruma,
no hay nada que no esté predicho en las runas,
todos los lugares son muy predecibles.

Camino lejos de los mismos ruidos de siempre,
quienes los emiten creen que son los primeros,
los verdaderos caminos se abren con otras llaves,
más sutiles, que tren sabiduría en sus metales.

Los veleros

Las velas en la fría madrugada,
parecen fantasmas en la bruma,
que llegan de lejanos mares,
navegando por caminos de aguas.

Son una visión de océanos antiguos
que transitan mientras llega el día,
arrastrando trozos de historias,
que vienen enredadas en sus anclas.

Los marineros en las altas cuerdas,
escuchan los mensajes del viento,
atisban el lejano horizonte sombrío,
buscando peligros ocultos en las olas.

Imponentes aparecen cuando llega el sol,
todos blancos reviven en el tiempo,
señoriales estampas se deslizan suavemente,
en el mar intensamente azul de la mañana.

Son los veleros de las armadas,
que recorren los mares del planeta,
tocando puertos en su largo periplo,
trayendo un saludo de un pasado distante.

Una mirada lejana

Una profunda sensación cruza por la mirada,
una ausencia de todas las cosas llega,
no es nada específico, sólo retumba,
es la suma de todos los pasos que colapsan.

Es un vacío extenso que llega de a poco,
son esas habitaciones ajenas que se transitan,
en dónde los demás ya no miran,
y los años transparentan al ser que se diluye.

Se camina sin sentido por veredas,
que llevan a paisajes antiguos recorridos,
en ciertas tardes ausentes caen desde la brisa,
algunas voces que dicen que todo se desvanece.

Se recorren como fantasma ciertos lugares,
dónde una leve luz cruza los senderos,
mientras la voluntad dispersa busca otros futuros,
que están ocultos, lejos de las manos.

Así internándose por dimensiones desconocidas,
transcurren las tardes llenas de otros cielos,
y una brisa que viene desde otros portales,
trae mensajes secretos para seguir la ruta.

Invierno

Ha llegado el invierno a la ciudad,
en la zona desértica en que vivo,
no trae lluvias ni nieve en sus dedos,
sólo trae mañanas más oscuras y heladas.

También trae abundantes nubes,
a veces amenazantes, pero sólo pasan,
se llevan el agua a otras tierras lejanas,
cruzan la cordillera y riegan otros valles.

En el cielo se forman pinturas de colores,
cuando en el atardecer se juntan las nubes
y se funden con los últimos rayos del sol,
bañando de rojos, ocres y dorados la tarde.

En las mañanas oscuras y ventosas,
mientras manejo por la costanera dormida,
hay un mundo de color añil naciendo,
desde las aguas y los cerros despunta el día.

En el desierto en que transito mis caminos,
los inviernos cambian el color del cielo,
la luz llega de otra manera en la brisa,
y las mañanas son más frías que de costumbre.

Imágenes

Uno a uno los clavos caen desde lo alto
quizás vienen de ignotas regiones perdidas,
van dejando clavado en el tiempo las manos,
van dejando inmóviles todos los sentidos.

Algunas campanas tañen en la noche,
y recorren las sendas del bosque oscuro,
trayendo misteriosos mensajes en sus notas,
indicando que ciertos tiempos se han perdido.

La lluvia estremece el paisaje y las ramas,
lava todas las impurezas que estaban ocultas,
dejando en el aire una sensación nueva,
como si despertara un nuevo comienzo.

Los pasos se dirigen a antiguas estaciones,
van a recorrer lugares casi olvidados,
a respirar el aire de antiguas travesías,
y encontrar esos paisajes que ya pasaron.

En esas piedras ancestrales como mesas,
se amalgama la naturaleza y los ríos,
en esos valles llenos de calma y armonía,
la mirada descansa en el verdor del espacio.

Sueños

Los pensamientos viajan en la noche,
chocando en las rocas de los acantilados,
mientras la lluvia cae siempre persistente,
diluyendo todas las ansiosas miradas.

Algunos pasos cruzan ciertos espacios,
llegando a nuevos lugares remotos,
donde la brisa y los colores son distintos,
y se siente una sensación de mundos nuevos.

Los caminos aparecen a veces de la nada,
nuevas sendas se presentan ciertas tardes,
algunas paredes se abren en la foresta,
para mostrarnos espacios escondidos.

La calma se instala de a poco en el paisaje,
una quietud aparece por ciertas esquinas,
y un bálsamo de sabiduría se establece,
trayendo las cosas a un nuevo equilibrio.

A veces es mejor dejar las cosas quietas,
que los procesos naturales sigan su curso,
es la forma que tiene la sabia naturaleza,
de avanzar lento con el tiempo a su favor.

La despedida

Se fueron con el remanente de su mirada,
con la última sonrisa de la tarde,
con las últimas palabras amigas del día,
pronunciadas en este almuerzo final.

Era el típico acto final de despedida,
el que usualmente le hacen a quién se retira,
cuando los años ya han pasado sin darse cuenta,
y el camino del trabajo se ha terminado.

Los discurso vacíos danzan en el aire,
las palabras sentidas de los que se marchan,
así terminan las vidas laborales,
así se marca el final del camino.

Ahora vienen nuevos horizontes,
no hay que quedarse sin hacer nada,
dejar la mirada perdida en los recuerdos,
es comenzar a morir de a poco.

Se abren muchos caminos en este día,
hay que borrar esas rutinas de décadas,
rehacerse desde los viejos senderos,
y caminar hacia nuevos horizontes.

Sólo seguir

Los postreros días se descuelgan,
no se baja la mirada en este paisaje,
cuando ya muchos se han marchado,
se sigue caminando en estos senderos.

La pregunta que danza en el horizonte,
es cuánta agua resta en la clepsidra,
¿Hay que aminorar los pasos?
o reunir nuevas visiones y seguir.

Claramente los días se precipitan,
tienen un aire luminoso de eternidad,
siempre existirán en el vasto horizonte,
el tiempo no se detiene en las esquinas.

Se vive en un mundo lleno de vida,
la naturaleza se desarrolla incólume,
nada se detiene en su evolución,
todo sigue como si jamás se terminara.

Se fija la mirada en un punto lejano,
se inician así nuevos caminos,
para caminarlos sin prisa ni pausa,
como si fuera un ser eterno e inmortal.

Desde otros mundos

Voces de mundos distantes llegan,
infinitos pasos dejados en el viento,
huellas casi perdidas en el polvo,
traen mensajes que no fueron dichos.

El tiempo se repliega en sí mismo,
una extraña sensación de ausencia,
de cristales rotos y palabras mudas,
recorren los pasillos ya abandonados.

Son como esos espíritus que habitan,
en espacios silenciosos de buhardillas,
reteniendo miradas y frases perdidas,
y que un día las traen desde la distancia.

Son postreros mensajes que circulan,
desde dimensiones largamente vacías,
todo pierde sentido en las tardes ventosas,
cuando ya se habitan otros mundos.

La brisa del océano refresca el rostro,
cantos de gaviotas y ruidos de olas llegan,
es un bálsamo del presente que respiro,
ausente de otras brisas y otros mares distantes.

Un nuevo tiempo

Los días están llenos de sol de primavera,
llega la brisa fresca de esta temporada,
las costaneras se visten de verdes hojas,
la calma aparece sobre el azul del mar.

Son sensaciones de un nuevo tiempo,
hay caminos distintos para remontar,
ya no son iguales a los anteriores senderos,
estos cruzan por mundos desconocidos.

Antiguas ideas reviven estos días,
planes largamente postergados se presentan,
se llenan las mochilas de nuevos sueños,
es un nuevo comienzo bajo este cielo.

Siempre hay nuevos senderos ocultos,
que aparecen ciertos días desde la nada,
se abren nítidos portales antes ignorados,
se cruzan dimensiones llenas de promesas.

La caminata llena de vida los sentidos,
los nuevos paisajes se precipitan,
una sensación de estar de nuevo en el inicio,
ilumina la mirada y trae energías perdidas.

El vigía

Con las primeras luces del día despierta,
toda la naturaleza se llena de vida,
un café humeante en la mesa se decanta,
mientras se prepara para afrontar visiones.

Conoce muy bien los secretos de los espacios,
del rumor de las olas y de los árboles,
puede hacer cualquier cosa en instantes,
sus manos aprendieron todas las técnicas.

Una vez provisto de todas sus herramientas,
camina por los confines de esos bosques,
absorbiendo el llamado del rocío y el silencio,
mientras avanza por sobre hojas y ramas.

Se sube a su atalaya para vigilar el paisaje,
las horas pasan interminables por sus manos,
unos insectos caminan sobre las tablas,
sólo quietud y ruidos de bosque aparecen.

Aquí, solitario en la inmensidad de la nada,
se desperdician sus tantas habilidades,
se ignoran las fuerzas que anidad en su ser,
y vigila su entorno, perdido en esta floresta.

Un viaje

Interminables laderas cruzan todo,
infinitos paisajes se diluyen,
el sol, el mar y la brisa perduran,
las horas se gastan en la distancia.

Es un viaje al pasado, a otros tiempos,
cuando todo fluía de distinta forma,
es un retorno a los orígenes del ser,
sintiendo el silencio y también el viento.

Antiguos caminos que creía ya no transitaría,
otras voces y fuerzas se hicieron presentes,
hubo un retorno a lugares olvidados,
se restauraron senderos perdidos.

Fue un retorno a antiguas formas,
a un mundo que se había extraviado,
a interminables caminos en el aire,
que había transitado y ya no lo hacía.

Imágenes gastadas se restauraron,
brisas marinas llegaron desde antes,
algunas voces retornan en la distancia,
todo fluye de nuevo como al inicio.

Ciertos límites

Los límites se acortan en la distancia,
las herramientas empiezan a decaer,
la mirada cansada de todas las sombras,
las manos ausentes de creaciones.

El silencio viaja por los corredores,
retumba en las orillas y los dinteles,
como un idioma desconocido llega,
perdiéndose en las escaleras y buhardillas.

Es como la vida, se diluye por las paredes,
cae en algunos recodos imprecisos,
mientras las enredaderas crecen en la piedra,
llegan visiones de bosques y campos.

Son tardes de ensueños, oníricas, que fluyen,
son preguntas repetidas que reaparecen,
el sentido de todo se cuestiona en la brisa,
sólo es un pasaje a otros lugares remotos.

Algunos días son más densos que otros,
un preludio a algo desconocido aparece,
los caminos ya carecen de su misterio,
la tarde cae brumosa entre las nubes y la brisa.

Algunos caminos

A veces los pasos me llevan a lugares,
algunos de ellos largamente visitados,
otros aparecen completamente nuevos,
es el misterio de las rutas y sus senderos.

El verde follaje de selvas olvidadas,
la nieve en las cumbres imprecisas,
el viento en los acantilados perdidos,
y la lluvia que cae sobre mi rostro.

Todos ellos se han posado en mis ojos,
han caminado conmigo en ciertos lugares,
voces amigas se presentan en el alba,
algunos rostros se pierden en la niebla.

Siento el viento de las grandes alturas,
el frío y el hielo en mi cantimplora,
una quietud de otro planeta rodeándome,
en un portezuelo gélido, sólo esperando.

Son pasos etéreos marcados en el viento,
que llegan a veces como relámpagos por nada,
son las vivencias que aparecen ciertas tardes,
mientras observo otros sitios y otro tiempo.

Tiempos inciertos

Algunos regresos desde el pasado,
que no son fantasmas, ni sueños,
son otra sustancia que se presenta,
desde mundos distantes olvidados.

Son como vidas de otros, como relatos,
pero corresponden a la propia vida,
que ya los ha guardado en bodegas,
esas que están llenas de tiempos pasados.

Pero a veces el presente trae recuerdos,
situaciones graves se empiezan a repetir,
las voces salen de su cauce normal,
la tolerancia está en retirada a sus trincheras.

Se sabe que nada bueno puede suceder,
el ser humano es un ancestral guerrero,
hay choques previsibles en la distancia,
las fuerzas en pugna se van a encontrar.

Todo siempre es así, la historia se repite,
siempre son las mismas situaciones,
que llegan imperceptibles desde rincones,
es una caja de pandora que no hay que abrir.

Susurros

Hay ciertas palabras que llegan,
vienen como de otra dimensión,
aparecen desde la nada a veces,
quizás son susurros inconclusos.

Pienso que sólo es un sueño,
existiendo en espacios lejanos,
como ecos de acantilados rotos,
es una realidad difusa que se presenta.

Las brillantes manecillas del reloj,
reflejan los rayos de sol que se quiebran,
mientras los pasillos silenciosos,
se extienden envueltos en brisa marina.

Algunas leves flores se mecen en la tarde,
se sienten aleteos de palomas lejanas,
una sensación de eternidad se esparce,
el tiempo retoma antiguos senderos.

Todo se manifiesta difuso en el mar,
esos mensajes quizás nunca partieron,
son como voces que se extinguen,
en un universo que a veces arrastra sueños.

Rutas

Las rutas verdes y azules de los bosques,
se internan por incontables quebradas,
que traen aromas de eucaliptos y pinos,
en las tarde silenciosas de esos senderos.

Es un mundo distinto que aparece,
son pasos interminables en los campos,
hay una vida tranquila por estos lugares,
los atardeceres llegan con nubes doradas.

Las azules lagunas que se esparcen,
tienen tranquilas y transparentes aguas,
y la fresca brisa que toca mi rostro,
trae secretos desde sus profundas aguas.

Los aromas en los mercados de frutas,
son el resumen de sus generosas tierras,
también de sus hortalizas y vegetales,
hay una sinfonía de sabores en el aire.

Son las tierras del sur de mi largo país,
un mundo distinto del que yo provengo,
una tierra amable, de colores brillantes,
distante, muy distante de todos mis pasos.

Pensamientos

Una sensación difusa aquieta los pensamientos,
el destino se presenta por todos los rincones,
estira su larga mano y toca a las personas,
marchitándolas a veces como flores sin agua.

Son instantes que algunas veces son eternos,
son cómo soldados en una batalla invisible,
van despareciendo en los recodos de los caminos,
su presencia se eclipsa sin percatarnos de ello.

Las personas siguen sus rutinas y la ciudad bulle,
algunas miradas empiezan a perder el brillo,
una sensación gris cubre todas las calles,
hay un tiempo que empieza a decaer de a poco.

Hay un crepúsculo invisible para otros ojos,
sólo se presenta en los pensamientos tardíos,
la mirada se acomoda en un banco abandonado,
y entra en un camino que no lleva a nada.

La vida, el bullicio, el tráfico existe alrededor,
pero algo está desapareciendo en el entorno,
son retazos de la vida que se perciben,
y una extraña presencia se apodera del lugar.

Reflexiones

Un espejo dormido está quieto en un rincón,
reflejando el presente de todas las personas,
ciertos labrados en madera oscura lo rodean,
y todo fluye en un sentido inexorable.

Hay un silencio exterior que se presenta,
envolviendo ruidosos pensamientos inquietos,
la tranquilidad aparente de las horas,
se superpone con sensaciones de olvido.

Las olas y sus recuerdos explotan en el aire,
un aire como irreal, como una niebla baja,
arrastra paz desde algunos días transitados,
algunos olvidos se incrustan en la mirada.

Una luna llena muy blanca me ilumina,
su luz traspasa húmedos aires costeros,
es un mundo inerte que se presenta a veces,
trayendo calma y belleza desde el universo.

Las puertas cerradas acumulan moho y tiempo,
los goznes herrumbrados trancan las maderas,
a veces se abren y retornan brisas y mares,
y una sensación de ausencia lo cubre todo.

Madrugada

Sentado al borde de la madrugada pienso,
los pensamientos salen sin sentido,
los acontecimientos siguen sus destinos,
algunas puertas inciertas aparecen de pronto.

Todo es como un sueño, las cosas se superponen,
allá a lo lejos algo sucede, allá a lo lejos,
hay una especie de crepúsculo cayendo,
las luces ya empiezan a titilar allá abajo.

Una sensación de final se pega en las paredes,
hay una especie de vacío que se agranda,
las eternas rutinas todo lo envuelven,
los días se precipitan arrastrando sueños.

El leve brillo de los atardeceres sombríos,
se desvanece en las ingentes sombras de la noche,
se navega en aguas oscuras y lentas,
las voces están lejanas y no me alcanzan.

Los pasos espectrales de días luminosos,
se presentan como pensamientos que cruzan,
un sonido difuso acompaña los senderos,
y retazos de cielo caen mientras camino.

Ya no compro

Ya no compro recuerdos en los viajes,
se me olvidó la razón de ello,
quizás ya no tengo a quién llevarles,
o quizás ya llevé demasiados algún día.

Las vitrinas pasan como mantras,
como universos muchas veces visitados,
todos los objetos parecen sombras sin sentido,
no hay nada que habite mis pensamientos.

Los interminables pasillos de los comercios,
vendiendo lo mismo y al mismo precio,
¿Para qué quiero recorrer estos lugares?
¡Si después todo quedará abandonado!

Ya no compro regalos en mis viajes,
me he transformado en otra persona,
las que fui alguna vez se han ido lejos,
se perdieron en la bruma del tiempo.

Camino mis pasos por lejanas veredas,
a veces contemplo las cosas sin verlas,
estar allá o estar acá es casi irrelevante,
en todos los lugares siempre es lo mismo.

Un viaje

Una tarde brumosa sobre los cielos,
un reflejo del sol hiere sus alas,
una sensación de calor se esparce,
mientras el avión surca estos confines.

Hay una quietud en la cabina,
el ruido de los motores todo lo envuelve,
una especie de sordera se apodera,
todo se escucha como si estuviera lejano.

El paisaje terrestre se precipita,
todos los colores se avecinan,
la tarde cae sobre las nubes pasajeras,
capa sobre capa las atraviesa.

Leves caminos y caprichosas formas allá abajo,
son líneas beige hiriendo un fondo verde,
el paisaje desde las alturas es irreal,
se atisba un mundo pequeño allá lejos.

Algunas turbulencias caen en la tarde,
son movimientos del aire en las alturas,
se avanza como por un sueño en otro universo,
mientras la cordillera permanece inalterable.

Ciertas lejanías

Las estaciones ya se alejan en el tiempo,
quienes caminaron a veces mis caminos,
se esfumaron en algunos recodos,
y la tarde permanece quieta sin su presencia.

Me devuelvo y ya los lugares se han ido,
los días se repiten, pero en otras dimensiones,
ya se han desintegrado las casas, la música,
son universos fantasmas que se alejaron.

Las manos tocan residuos de otros mundos,
leves brisas que a veces circulan,
el peso de los lugares desolados se siente,
todo se transforma en las tardes lejanas.

A veces camino por sendas abandonadas,
algunos destellos de esas vidas tocan mis sienes,
son fantasmas de otras primaveras que llegan,
vienen de lejos, casi no se siente su presencia.

Los atardeceres transportan otros tiempos,
pasos de juventud que ya ni se escuchan,
sonidos lejanos de mis propios caminos,
se sienten lejos, etéreos, ocultos por la vida.

Supervivencia

Aún mis manos escriben pensamientos,
largos camino ya se han consumido,
aún persigo algunos sueños en las tardes,
gasto mis remanentes fuerzas en lograrlos.

Todo es más tranquilo a la vera de la vida,
pero quedan residuos de ímpetus de otros tiempos,
sé que todo ya es irrelevante, ya llegó el ocaso,
sólo son instintos de supervivencia que subsisten.

Soy como un viejo animal que está siempre alerta,
para tener un mejor futuro, para cobijarse,
sabiendo que ya casi no le quedan caminos,
es un instinto largamente ejercitado que permanece.

Pienso en la inutilidad de todo esfuerzo postrero,
camino por un mundo más fácil que el de antes,
casi nada significa esfuerzo, todo se alcanza,
sobran herramientas de supervivencias para hoy.

Vengo de mundos más precarios y esforzados,
por eso mis manos escriben lejanos pensamientos,
y me preparo para un futuro que ya no tengo,
¡Es solo el instinto que prevalece por sobre todo!

Mundos

Miro hacia atrás y todo está lejano y brumoso,
perdido en ese tiempo que no pude atrapar,
son sombras de mundos que circulan silenciosos,
son otros tiempos y quizás soy otro yo.

Los pasos se confunden con tantos caminos,
las raíces se encuentran en aquel ocaso,
el sol brilla por sobre todas las cosas,
une las eras, los espacios y mis recuerdos.

Sentado al filo de la noche en otro universo,
fragmentos de algo se avecinan desde otros mundos,
pedazos de pensamientos, otros pasos se sienten,
pero el silencio lo cubre todo sin decir palabras.

Algunas voces amables me alcanzan en las esquinas,
sonrisas a veces me acompañan en algunos días,
ciertas formas de corta existencia desaparecen,
en el insondable misterio de todas las cosas.

Todo está conjugado en el cielo y en la tierra,
las voluntades se han acomodado inertes,
los caminos ya están trazados y nada resta,
solo internarse en el insondable misterio del día.

Un cierto destello

Un día cualquiera un mensaje cruzó el cielo,
llegó de lugares insondables, dejando su huella,
y así como llegó se perdió en el misterio,
dejando el paisaje con preguntas sin respuestas.

Una especie de perfume quedó en el aire,
una transición de universos se alinearon,
lejanos ecos de mares, oscuridades y flores,
caían como una llovizna de colores en las manos.

Luego todo silencio, la paz retomó los rincones,
sólo fue un destello impreciso en el horizonte,
y los días retomaron la cadencia de siempre,
quizás sólo fue un pensamiento extraviado.

Igual que siempre, nada había cambiado,
los muros de la mirada estaban intactos,
las espirales de las galaxias giraban sin freno,
los senderos divergían hacia el horizonte.

La realidad a veces se confunde con las sombras,
la razón a veces se pierde en mágicos senderos,
quizás a veces sólo percibimos sueños irreales,
que no han existido, pero nos dejan su estela.

Un jardín japonés

Los verdes colores de los mágicos senderos,
la paz instalada en los recodos de las aguas,
los peces Koi nadando con sus infinitos colores,
son como pinceladas de pintura en el estanque.

Los árboles retorcidos y verdes en las colinas,
las piedras siempre presentes en la estética zen,
los portales de rojo intenso abren horizontes,
junto a curvos puentes que cruzan lagunas.

Sonidos de campanas de oriente trae el viento,
se diseminan por las lagunas y las islas,
las banderas de colores ondean con la brisa,
una armonía se decanta en todos los portales.

Una casa del té aparece de pronto en el camino,
hecha de bambú con ancestrales recuerdos,
con manos artesanas de profunda historia,
trayendo lejanas épocas perdidas en el tiempo.

Esos senderos traen tranquilidad a la mirada,
se acomodan las cosas en los pensamientos,
se siente el espíritu más ligero en esa naturaleza,
una involución del ser se produce en sus jardines.

Innecesario

El final de todo ya se siente más cerca,
aún estoy haciendo cosas, pero sin sentido,
estoy jugando en un mundo que me es ajeno,
que ya no me ve, soy una sombra que perdura.

Sigo las rutinas que he llevado toda la vida,
pero siento que el sol alumbra menos por estos días,
los sonidos se están apagando, son más lentos,
las letras son otras, las manos están vacías.

Ya no quiero mirar más hacia adelante,
las praderas empiezan a desaparecer,
los cursos de agua se adelgazan en las piedras,
las aves ya no cantan cerca de mi mirada.

Un vacío envuelve los pasos y los ojos,
es como si se corriera un velo y se viera el paisaje,
nada queda, nada hay por hacer, nada,
los esfuerzos ya no tienen sentido.

Mis pasos ya no quieren seguir los caminos,
la esperanza no es una palabra cercana,
un rumor de cansancio escucho en la distancia,
y cierro mis ojos, ya no hay nada que ver,
¡Todo resulta innecesario!

Recuerdos de niñez

Miro allá abajo en la distancia las aguas azules,
con vetas muy celestes que las cruzan,
tras una leve bruma gris que se interpone,
veo mi pueblo y aquellas playas en que a veces nadé.

Ahora su visión me llega desde allá abajo,
diviso como diminutas figuras que se mueven,
dejando blancas estelas en el rostro del mar,
ese mar tan presente en los pasos de mi niñez.

Hace muchos años que no camino por sus calles,
por sus playas y sus quebradas lejanas,
muchas aventuras sucedieron en esas brisas,
pero ese mundo se alejó de mi como muchos otros.

Cuando paso en los aviones, me acerco a la ventana,
miro desde arriba sus pequeñas casas,
mis primeros pasos están en todos sus rincones,
y a mi padre y a mi madre aún los veo vivir allí.

Pero ya se fueron a otros mundos, no están conmigo,
sin embargo una sensación de niñez se siente,
ahora sentado en este firmamento observo desde lejos,
uno de mis tantos mundos que se fue para no volver.

Mi pueblo

Un ser frágil y alado camina en el cemento,
lo hace en mi jardín esta fría tarde de invierno,
me pregunto si sus huesudas patas tiemblan,
o simplemente resisten sin hacerse más cuestión.

Hoy algunas gotas de agua rodaron del cielo,
es un cielo gris que lo cubren las nubes,
diseminando una luz cansada sobre el paisaje,
en esta tarde fría de esta nueva estación.

Pero las perennes hojas verdes de los árboles,
cobijan un sinnúmero de huéspedes alados,
que cantan sus diferentes melodías en las ramas,
mientras cruzo bajo sus hojas y aromas de resinas.

Allá a pocas cuadras escucho el mar que llama,
dirijo mis pasos a observar sus incesantes olas,
una brisa con gotas frías se desprende de la arena,
mientras múltiples gaviotas planean en el aire.

Es un paseo por mi pueblo, que siempre vuelvo a él,
mayormente lo hago en mis pensamientos,
quizás buscando la felicidad que quedó allí perdida,
y que ahora está lejana, casi olvidada en las olas.

La aurora Boreal

A veces observo videos de las auroras boreales,
con sus figuras verdosas danzando en la noche,
como fantasmas de todos los tiempos que llegan,
para mostrarnos que hay mundos diferentes.

Son como grandes cortinas que caen del cielo,
iluminando suavemente todo el paisaje,
con una luz diferente, casi irreal, de otro tiempo,
para dejarnos lleno de preguntas mientras miramos.

No he estado en esas latitudes para verlas,
pero algún día estaré allí para disfrutarlas,
para sumergirme en uno de los enigmas de la tierra,
para gozar de su belleza irreal y planetaria.

Son mensajes secretos que nos envía el sol,
debemos saber entenderlos cuando nos llegan,
caminar por la nieve iluminada de fluorescencia,
sintiendo la pequeñez de la condición humana.

Quizás sea un insondable bálsamo mágico,
que sin quererlo cura las fracturas del alma,
aunque sea un momento mientras danzan,
para traer tranquilidad a los ojos cansados.

Traspasando el silencio

Un inexplicable silencio se esparce por el aire,
todas las cosas desaparecen en los atardeceres,
las palabras han tomado el camino del ocaso,
el mundo se presenta más retraído en estos días.

Los esfuerzos del día se diluyen en la arena,
como un líquido que perece en su camino,
ciertos cielos azules se desprenden a pedazos,
y sus retazos ruedan y acumulan a mis pies.

Algunas veredas traen fantasmas de personas,
ellos caminan entre nosotros sin hacerse notar,
no todos los pueden ven, ni ellos tampoco miran,
da la impresión que no saben que son solo espacio.

Todo es muy extraño en los largos pasillos,
son como un sendero que nos hace desaparecer,
hay una luz distinta y los árboles parecen irreales,
son realidades traspuestas que convergen paralelas.

Es como caminar al filo de dos mundos inexactos,
una especie de umbral entre la realidad y el silencio,
una mezcla extraña de dimensiones se entrecruzan,
mientras camino por las veredas y sus árboles.

Caminos

Al principio imaginaba que los caminos futuros,
eran trazos simples hechos con mano de juventud,
todo era lineal y fácil de iniciar y remontar,
como todo lo que veían mis ojos en aquel tiempo.

Luego al iniciar la marcha un día cualquiera,
había cosas no previstas que me ralentizaban,
sólo era parte de la vida que no la había entendido,
en mi visión simplista de mis años inexpertos.

Pero el trabajo y los avatares de los días,
me fueron enseñando la complejidad de las formas,
las profundas raíces de los antiguos bosques,
y las complejas ecuaciones que rigen la luz.

Tuve que reinventar la forma de mirar el cielo,
internarme en ciertos mundos desconocidos,
empezar a conocer el tiempo y la paciencia,
sustancias desconocidas en mis pasos iniciales.

Aprendí una palabra nueva llamada fracaso,
y también otras llamadas esperanza y triunfo,
y así, de a poco, empecé a gastar mis senderos,
aquellos que la vida, y no yo, me dejó transitar.

Un extraño fenómeno

Mi cuerpo se ha transformado en silencio,
los años han hecho trabajar sus herramientas,
han labrado un nuevo rostro para mí,
los amigos de juventud ya no me reconocen.

Soy otra persona, mi aspecto ha cambiado,
soy un extraño reflejado en el espejo,
he tardado años en aceptar el nuevo destino,
se siente el tiempo transitar por mis manos.

Al observarme en fotos o en videos actuales,
no reconozco el aspecto de esa persona,
es como un extraño que habita dentro de mí,
es como un nuevo ser que ha arribado.

Todo es irreal, porque en mis pensamientos,
las ideas y las visiones son eternas y atemporales,
ellas no sienten el paso del tiempo biológico,
fluyen como en otra dimensión sin prisas.

Claramente son dos entes que están entrelazados,
uno declina inexorablemente con los días,
el otro transita por caminos llenos de energía,
haciendo que la mente se olvide de envejecer.

Las raíces

En la apacible soledad del bosque sombrío,
entre multitud de arbustos y otras plantas,
se crea una comunidad verde llena de energías,
en un universo alterno a nuestras miradas.

Uno cree que los bosques son cosa inanimada,
que están allí sin trazas de inteligencias,
pero hay algo oculto bajo sus densas ramas,
una razón de ser colectiva que sube de las raíces.

Una inteligencia de la naturaleza y los equilibrios,
es un organismo colectivo que florece,
que trata de prevalecer con distintos mecanismos,
para sobrevivir como todos los seres y trascender.

Se observa un árbol derramándose sobre las piedras,
como si fuera una gran cortina de un teatro,
que se pliega en el bosque silencioso,
con su corteza maleable como el cartón.

Así algunas veces los árboles se acomodan,
sus raíces reptan sobre rocas y las abrazan,
fluyendo como cera de vela derretida,
en un abrazo infinito para sostener su vida.

Espirales

Hay un sonido sordo que lo envuelve todo,
son como palabras de un idioma impreciso,
se derrama una sustancia que todo lo envuelve,
es un universo distinto que se precipita.

La eventualidad de caminar por estas superficies,
por mundos más irreales que verdaderos,
adentrándonos en ciertos códigos inusuales,
para comprender la razón de algunos pasos.

Las diferentes capas de tiempos se superponen,
son como un filoscopio mental que rueda,
a veces sin precisión ni lógicas secuencias,
asemejándose a un río que corre aleatorio.

Una especie de inercia cubre la mirada,
todo se difumina en estas nuevas dimensiones,
surgen preguntas sobre el inusual entorno,
y las repuestas no se encuentran fácilmente.

Una sensación de flotar en cielos extraños,
la llegada de las cosas por caminos emergentes,
una falta de claridad en los bosques inertes,
dejan pensativa la mirada sobre el fluir de la vida.

Palabras al viento

Inútiles ocupaciones literarias cruzan mis días,
escribo sólo al viento en este amplio espacio,
todas mis voces se pierden en esta encrucijada,
los sonidos enmudecen en esta tarde densa.

Mi voz se esfuma sin esperanzas ni interés,
las amplias llanuras inertes me contemplan.
siembro mis letras en yermos campos vacíos,
mis ojos al mirar sólo contemplan el infinito.

Todas las palabras se pierden en el tráfago,
son pequeños sonidos casi inaudibles que perecen,
es un mensaje que nunca llegará a puerto,
es una botella de náufrago rota en la arena.

El viento del desierto arrastra múltiples historias,
la inmensidad de sus llanuras terrosas aparece,
hay una soledad solemne en el inhóspito paisaje,
hay una especie de eternidad en sus lejanías.

Incesantes letras cruzan por entre mis manos,
construyendo mundos irreales en las historias,
que viajan por mundos difusos a ningún lado,
perdiéndose en un valle donde habita el olvido.

Amaneciendo

Una quieta madrugada cae intensa,
lejanos ruidos anuncian el despertar de todo,
una sensación de espacio se precipita,
un sonido simple y persistente se desliza.

Ciertas cosas no cambian con el tiempo,
son esos ciclos persistentes que nos acompañan,
es el profundo color azul de los cielos despertando,
con su inevitable fluir de los colores.

El sentido de las cosas aparece por las esquinas,
las palabras viajan a un país sin personas,
los pensamientos caen en cenizas volcánicas,
en un paisaje perdido y totalmente deshabitado.

Solo se camina por la inercia de los propios pasos,
las solitarias aves cruzan el despertar del día,
hay una gran soledad en el inmenso entorno,
las voces se pierden en las montañas rocosas.

La mirada percibe entre las ramas del bosque,
solo su propia existencia entre los árboles,
es como un estado primigenio de las cosas,
es un pasaje a mundos quietos y perdidos.

El código

Existe una especie de misterio,
es una habitación cerrada casi siempre,
contiene los pasos que deben seguirse,
cuando la oscuridad cae en el ocaso.

Es un código escondido que se guarda,
solo ciertas personas tienen acceso a él,
pero no en el mismo tiempo, sino diferido,
en cada generación sólo uno puede tenerlo.

Es algo así como el secreto de la sabiduría,
un decálogo para que guíen los pasos,
que llevan hacia lugares inexplorados,
para traer ciertos pensamientos olvidados.

A veces no se puede armar parte de la vida,
algo falta, un nudo, una bisagra especial,
a veces son situaciones incomprensibles que llegan,
una llave falta, está perdida en el paisaje.

Es el código que ahora tengo en mis manos,
es como un pegamento de las miradas,
es una brújula para mostrar los senderos,
los recodos y esquinas donde fluye la vida.

Balance final

Una voz desde lejos viaja a mí algunas tardes,
para mitigar la falta de brisas en estos cielos,
una transposición de sonidos se precipita,
un leve mensaje da color a veces a las tardes.

Ciertas lejanías de pasos antiguos aparecen,
otros lugares, la misma sensación de soledad,
una vida que está en pleno vuelo en sus cielos,
y yo que vuelo lentamente en el mío al ocaso.

Canciones que surcan extensos territorios mentales,
se decantan cerca de mí trayendo recuerdos,
algo etéreo, lejano, partes de mí llegan a veces,
desde la distancia, esos tiempos se diluyen.

Senderos, ramas, cielos azules, ríos que corren,
atrapado en mi cuerpo y en estos espacios,
se abren ciertas puertas algunos mágicos días,
para recorrer de nuevo esos antiguos paisajes.

Todo deviene desde algunos arcoíris lejanos,
ha sido largo el sendero que ya se termina,
quedaron cosas olvidadas en algunos recodos,
como es la vida, que nos gasta sin darnos cuenta.

Caminando nubes

Hay un vacío en los caminos que viajo,
las personas y las cosas desaparecen ante mí,
es un empezar de nuevo en los campos,
son vientos nuevos que llegan esta tarde.

Una sensación de hastío se desprende del cielo,
los recuerdos se pierden en la soledad del día,
algunas melodías traspasan épocas y lugares,
trayendo ciertos retazos de otros tiempos.

Senderos gastados camino al final de la tarde,
un silencio como de nada se esparce por la hierba,
el canto de los pájaros empieza a decaer de a poco,
todo pierde sentido en ciertos espacios ocultos.

Un pensamiento difuso se apodera del paisaje,
múltiples colores se presenta en las esquinas,
por donde van mis pasos entre las nubes,
camino entre la niebla que cruza por mis cabellos.

Parado en una cumbre como en tantas que estuve,
las nubes cubren mis pies y camino por entre ellas,
es un mundo irreal que parece flotar cerca de mí,
es el acto final, después de caminar todos los tiempos.

Lo volátil de las cosas

Algunos muros se han caído por el peso del tiempo,
yacen esparcidos sus fragmentos al sol y al silencio,
todo pasa y la entropía hace su eterno trabajo,
los mundos desaparecen bajo sus herramientas.

Se forjan futuros en todas las fraguas disponibles,
se van armando ilusiones ladrillo a ladrillo,
se van sumando pequeños fragmentos del espíritu,
para finalmente construir su propia pirámide.

Es el eterno coexistir de estas dos fuerzas opuestas,
finalmente todo decae en la tarde de los tiempos,
cuando ya no están las energías de sus creadores,
el pegamento de sus construcciones monumentales.

Se dejan algunas palabras posadas en el viento,
para que viajen y se esparzan por los senderos,
mientras un misterioso idioma de los bosques,
se presenta en este paisaje atemporal que cruzo.

Y así los caminos, las cosas, las puertas se esfuman,
a veces permanece el mar y algunas brisas,
son fuerzas superiores que desafían el tiempo,
pero los pasos, las miradas y el pensamiento perecen.

Disertación de invierno

El aire frío de la mañana pasa gélido,
una especie de silencio deja a su paso,
se acallan las voces de los pájaros y las ramas,
una sensación de tiempos primigenios se presenta.

La incertidumbre de hacer ciertas cosas,
gira como un caleidoscopio universal,
donde las certezas se pierden en los rincones,
y las dudas danzan en espacios dislocados.

Una pluma cae desde el alto cielo,
trayendo un momento de reflexión a la jornada,
la inutilidad de situaciones y cosas se desliza,
en un mundo donde todo desaparece en la niebla.

Algunas tareas ordinarias se realizan sin sentirlas,
son como trozos inertes de tierra calcinada,
nada aportan a la mirada, solo rutinas,
son pasos innecesarios en universos silentes.

Y así el aire frío de la mañana de invierno pasa,
descolgando pensamientos como de otros tiempos,
es una situación que traspasa muchos planos,
y anuncia la levedad de todas las fronteras.

Estados de ausencia

La mirada fija en un punto de la nada,
múltiples pensamientos confluyen sin orden,
una especie de caos silencioso cruza la mente,
una catalepsia se produce dejándonos quietos.

Pequeños estancos sin sonidos se construyen,
allí residen los seres de piel cerosa que se cobijan,
el frio de afuera ingresa por las paredes lisas,
el refugio sucumbe a los elementos del paisaje.

Interminables horas se acumulan en el día,
el talento desaparece por las serranías,
una insana quietud se pasea por las esquinas,
las voces se apagan en los bosques sombríos.

La sensación de habitar dos mundos simultáneos,
algunos sonidos externos llegan desde lejanías,
no traen nada, son mensajes inertes que se pierden,
la ausencia toma cuerpo en los edificios y las plantas.

Son estados catatónicos de la materia que circula,
es un océano de sensaciones difusas sobre las cosas,
son mareas que traen trozos de naufragios a la orilla,
son visiones que se pierden en la inmensidad del día.

Paisajes quietos

La penumbra de un día sin luz llega,
dentro de la habitación cierta claridad se cuela,
es una especie de luz difusa, como cansada,
que ilumina breve un mundo casi en tinieblas.

El ambiente es de claroscuros, como de iglesia,
como esos pasillos de edificios abandonados,
dónde el silencio y algo de claridad permanecen,
cubierto todo de polvo y silencio en sus pasillos.

A veces esa sensación es como estados anímicos,
que cruzan por el ser en ciertas tardes ausentes,
la soledad no siempre se asocia con algo triste,
hay soledades que alegran el alma y traen paz.

Un sopor, un casi caer en el sueño induce esta luz,
una involución a estados casi catatónicos llega,
un viaje hacia el mundo de la ensoñación aparece,
todo es inexplicable en este estado de las cosas.

Una tenue claridad se desliza desde la ventana,
disemina tranquilidad por donde se posa,
como si se frenara el mundo acelerado de afuera,
es un oasis de otra dimensión más humana del ser.

Caminos inexorables

Todo ya está determinado en las estrellas,
los caminos que elegí ya los he caminado,
las brisas y aromas en su recorrido se esfumaron,
he llegado al final y todo está silencioso.

Se han caído las cortinas de las altas cornisas,
las paredes y los cristales han quedado expuestos,
todo se aprecia mejor de esta manera en la tarde,
la fuerza de la verdad estremece las penumbras.

Un día cualquiera abrí los ojos en otro universo,
las paredes de hojas y ramas las volaba el viento,
un bosque rodeaba todo, una infinita quietud,
los caminos me llevaron adonde quería ir y llegué.

Las preguntas ya se han reducido a ciertas cosas:
¿Dónde quedarán mis pensamientos guardados?
¿Qué hacer si vuelo lejos a mundos distantes?
algo impensado en primaveras que crucé presuroso.

Un telón de infinitos pliegues cae sobre mis pasos,
no sé hacia dónde dirigirme en estos parajes,
es como si me encontrara perdido sin estarlo,
con la certeza del final de todo lo que caminé.

Día de pesca

Las verdes y profundas aguas en las rocas,
en un día de pesca en la costa del norte,
el sol iluminando todo y hay un cielo azul celeste,
es un día propicio para lanzar la lienza al mar.

Algunas entradas de aguas son como fiordos,
todo en pequeña escala, así es la costa rocosa,
interminables lugares para pescar se suceden,
y la carnada se obtiene de los piures en las rocas.

El mar se mece y emite sus sonidos imprecisos,
se ha llegado a esa especie de meseta allá abajo,
desde el fondo de las aguas se siente que comen,
de vez en cuando saco un pez que brilla al sol.

Y de esta manera se pasan las horas pescando,
acumulando variedades de peces en la bolsa,
luego pelándolos en una tabla que siempre llevo,
para dejarlos listos para suculento banquete.

Esas tardes o días en la costa distante aparecen,
junto a otros pescadores que llegan,
son esos días que en la distancia son inolvidables,
pero cuando estaba allí, era sólo otro día.

Mi padre

Cuando era un niño caminaba con mi padre,
hablaba poco, pero sabía mucho y hacía mucho,
sus conversaciones recorrían toda la historia,
traía otros mundos y me mostraba sus senderos.

Siempre tenía tiempo para mí y mis hermanos,
la naturaleza le atraía y volvía siempre a ella,
nos mostró su mundo marino y sus peces,
nos internó en los cerros y nos hacía explorar.

Nos estaba enseñando cuando éramos niños,
no lo sabíamos, creíamos que eran aventuras,
pero era su forma de ponernos a prueba,
que conociéramos nuestras fuerzas y las de la vida.

Nos cuidaba desde lejos y nos enseñaba a pescar,
a poner los anzuelos, a preparar mochilas,
a cocinar en el mar y la brisa, también a bucear,
a prender fuego y hacer refugios y abrigarnos.

No le daba mayor importancia de las que tenían,
una herida no era nada, la curaba con parafina,
nos internaba en el mar en su embarcación viajera,
fuimos niños aventureros guiados por su mano.

Creo que esos periplos por cerros y ensenadas,
conociendo todas las fuerzas de la naturaleza,
me sirvieron más que muchas horas de clases,
templaron mi espíritu para caminar por la vida.

Mundos

Extendí mis manos y no había nada,
sólo el vacío habitaba los salones,
las palabras fueron negadas en el crepúsculo,
un mundo inerte se presenta en las esquinas.

Los pasos se alejaron antes y ahora,
el ser ya es transparente y sólo circula,
la utilidad se esfumó con el paso de los días,
los locos incesantes administran el manicomio.

Las vidas cuidadas pasan por otras veredas,
he construido mis pequeños refugios,
y ahora me acomodo para pasar las tormentas,
como siempre ha sido, sólo con mis manos.

Quizás ese era mi destino escrito en la arena,
descubrir el secreto de la mirada de los otros,
eran febles, utilitarias y frías como el rocío,
pero pude ver la profundidad de sus almas.

Cómo constructor de mundos incesantes,
y haberme cruzado con miles de personas,
me doy perfectamente cuenta como me miran,
mientras camino por mis propios espacios.

Claridad

Hay una especie de revelación en el espacio,
las cortinas del telón se cierran lentamente,
todas las funciones están llegando a su fin,
los libretos se esparcen como hojas en el viento.

Se retrae la tarde frente a las fuerzas que llegan,
se abre un claro en las nubes y se ve la claridad,
todo ha sido revelado y las cosas se decantan,
no hay engaños de la mente bajo esta tenue luz.

Todos los caminos conducen a ninguna parte,
los esfuerzos no tienen eco en las montañas,
sólo son postreros destello de pasados gloriosos,
la tarde se cierra con toda la sabiduría acumulada.

Es momento de apagar los faroles encendidos,
hay que ordenar y guardar las herramientas,
hay que cerrar todas las puertas y ventanas,
todo ha concluido, el pueblo yace abandonado.

Los últimos pájaros de la tarde vuelan,
camino por un paisaje que desaparece,
sólo repito antiguas rutinas incansablemente,
que traigo enraizadas y no he querido desechar.

Un nuevo destino

Como si las cosas tuviesen existencia propia,
de pronto aparecen ante mis ojos de improviso,
viajan desde dimensiones que estaban perdidas,
para materializarse sin más en este espacio.

Desde lejos llega un mensaje de esperanza,
desde reinos lejanos se abren los portales,
una sensación de quietud desciende a los ojos,
los pasos dados tuvieron eco en otros cielos.

Aguas que pasan bajo el puente entre las piedras,
paseos interminables y largas calles multicolores,
un atardecer entre las torres de aquellos palacios,
un aire con aromas de imperios se esparce.

Una costa inusual y algunos acantilados,
serpenteantes caminos atraviesan verdes laderas,
incesantes personas cruzan por estos senderos,
al final está la historia de siglos lejanos.

Remontando espacios en la madrugada,
infinitas luces titilando en fondo oscuro,
cruzo el firmamento hacia un nuevo destino,
y un luminoso lucero me acompaña en la travesía.

La entropía aparece

Las personas y las cosas fluyen a través del tiempo,
que va dejando marcadas sus manos en todo,
una grieta en la pared, una gotera imprecisa,
un músculo tenso, una mirada quebrada llega.

Las cosas inician un lento declinar sin pausa,
un óxido que muele los metales, la sal que aparece,
atraviesa gruesos muros, disgregándolos en arena,
los pasos se ponen lentos y los caminos se gastan.

Un manto de olvido cubre aquellos recuerdos,
cosas que dejé para el futuro, yacen olvidadas,
como si nadie viviera en casa y el silencio la habitara,
pero aún suenan mis pasos, son el eco de la vida.

De a poco se deshacen los mundos, nadie los ve,
no hay invitados en esta habitación de la vida,
el orgullo aparece y hace como si todo estuviera,
pero mis ojos observan el colapso de la mirada.

Una soledad global cae sobre mis letras diseminadas,
las tejas antiguas se van desprendiendo una a una,
las maletas y equipajes se alistan para el retorno,
todo concluye, el tiempo se esfuma en mis manos.

Exploraciones

Hay ciertas expresiones que no tienen destino,
giran sin generar sentido en los campos,
son difíciles de dilucidar con sólo penumbras,
no se comprende la dinámica del caleidoscopio.

Son esferas pulidas, como impenetrables a todo,
sus paredes lisas reflejan el sol del mediodía,
no se pueden abrir, los códigos están ocultos,
y son un todo sólido para encontrar la clave.

Pero buscando con cuidado en su superficie,
debe existir una mínima grieta, una cerradura,
y así una tarde podré descifrar el misterio,
y llegar al corazón de las cosas allí guardadas.

Y se abrirá un camino oculto en el denso bosque,
guiará mis pasos a portales llenos de evidencias,
de pensamientos nítidos y de lógica consecuencia,
para iniciar así la comprensión de la brisa.

La incertidumbre quita velocidad al pensamiento,
nos lleva por laberintos difíciles de adivinar,
por eso es esencial encontrar todas las claves,
para abrir las puertas que nos llevarán a destino.

Vacíos

Las palabras cruzaron espacios comunes,
las brisas y cielos confluyen en la escena,
pero ya todo se estaba diluyendo en el rocío,
todo se quebró en el aire de la tarde.

Los mensajeros pasan por otros caminos,
llevando sus pasos lejos de las miradas,
perdiéndose en la lejanía y olvidando el mensaje,
todo fluye quieto en el bosque, se escucha el agua.

Una eternidad se extiende por la atmósfera,
algunas cosas decantan en los arroyos,
aquellos ruidos de la nada desaparecen,
es como un sueño que cruza por entre la hierba.

La realidad se funde con la fantasía,
grandes espacios no convergen en los portales,
y así se disemina todo por las praderas,
llegando hasta el campanario de una iglesia.

El infinito se hace presente en la mirada,
una sensación de sonidos ya resueltos,
se aquieta la tarde de estos tiempos que cruzo,
un silencio final acompaña los pasos extraviados.

Hasta el final

Con las últimas luces de los pensamientos,
ilumino ciertos paisajes que aparecen distantes,
son desafíos postreros de una larga jornada,
es solo la costumbre de escalar ciertas montañas.

Pero todo es más lento y trabajoso en la tarde,
las fuerzas se diluyen en las amplias praderas,
la mirada vaga por todos los rincones,
la importancia de las cosas ya solo es relativa.

En un mundo que se esfuma al doblar la esquina,
aún preparo mis mejores herramientas,
para emprender un nuevo viaje hacia el saber,
acompañado de otros que caminan con fuerza.

Como un animal que conoce de sobrevivencia,
recorro otra vez agrestes caminos desconocidos,
son rutinas que están grabadas en las manos,
son saberes que quizás ya carecen de sentido.

Eso es lo bueno de caminar siempre nuevos pasos,
una preparación de habilidades ya no requeridas,
pero hay que seguir adelante los nuevos caminos,
iluminando el sendero con la última luz de la vida.

La doble existencia

Mientras la luz se desvanece en la ventana,
y ciertas notas musicales envuelven el lugar,
cae la tarde fría sobre los campos que me rodean,
una sensación de un mundo que se oculta llega.

Las palabras perduran en las rocas escritas,
los años no pueden fácilmente demolerlas,
son ecos del pasado que transitan monolíticos,
más allá de los pasos de quién las esculpió.

El silencio del ocaso no es nada en la arena,
son dos seres en uno, y uno es inmortal,
hay un cuerpo que perece en el tiempo,
y hay otro, hecho de plasma que permanece.

No es un ente inmortal que habita buhardillas,
que aparece en ciertas ventanas de tiempo,
que puede ser un fantasma o un espíritu,
no es eso, es un cuerpo del mundo de las ideas.

La esperanza de trascender como energía,
se desvanece, nada material quedará al final,
sobrevivirá la voz en las letras lanzadas al viento,
más allá de lo que verán mis ojos mortales.

La naturaleza

Hoy contemplo el horizonte y los cerros costeros,
ningún pensamiento cruza por el viento,
sólo miro ausente el inmenso paisaje ante mí,
no hay reflexión alguna, observo la inmensidad.

Algunas nubes blancas pasan por el sendero,
una brisa de mar un poco inquieta llega,
el sol calienta tímidamente los techos lejanos,
todo se funde, es un paisaje como una pintura.

Ruidos de aviones vienen desde el cielo azul,
los observo imperceptibles en el firmamento,
una quietud de la naturaleza contemplativa,
ocupa mi mirada y no existen pensamientos.

Son sensaciones primarias sin pretensiones,
el fluir de la naturaleza lejos de los hombres,
sigue su ciclo como un ser inmortal y perenne,
ni pasos ni voces se escuchan en su inmensidad.

No hay pensamiento, sólo llega el ruido del mar,
También el sonido de los pasos al caminar,
es el acontecer cotidiano de las cosas simples,
sólo hay que fusionarse y ser parte del todo.

Sensación inquieta

Hay un letargo que cruza el aire limpio,
una especie de soledad y un silencio extraño,
como atmósferas quietas antes de las tormentas,
circula un aire denso que pesa en la tarde.

Los pasillos vacíos presagian vientos húmedos,
el lejano y grave sonido del mar todo lo invade,
es una quietud irreal, de esas que no duran,
el aire está cargado de electricidad.

El círculo se fue cerrando casi sin percibirse,
cómo una trampa que nadie se dio cuenta,
y de pronto ya no había camino de retorno,
la suma de todas las cosas cobraba su precio.

Cuidando los pasos en las veredas húmedas,
las miradas se cruzan como estudiándose,
todo se repliega y pierde fuerza la mirada,
los refugios se cierran, el ambiente se prepara.

Los campos reciben sonidos provenientes del cielo,
una especia de trompetas y campanas se deslizan,
el tiempo de espera se hace más corto en el alba,
las fuerzas ya están dispersas, sólo resta esperarlas.

Conversaciones

Las conversaciones que llegan desde lejos,
son hilos invisibles que cruzan espacios,
acercan a las personas de un modo misterioso,
acortando las distancias antes insalvables.

Se unen los espíritus y se atenúa la lejanía,
todo es cercano, incluso los pensamientos,
son los tiempos en que vivimos conectados,
algo irreal para nuestros ancestros lejanos.

Son instantes de la vida mirando el mar,
sintiendo el ruido de las alas en el jardín,
desde allí mi voz viaja hacia otros mares,
a lugares transitados en mi juventud.

Lejos atisbo un cerro entre la bruma marina,
se ve como un coloso dormido en el mar,
el viento lleno de sal pasa por mis cabellos,
mientras converso de todo desde la distancia.

No apreciamos a veces lo que tenemos,
nada de esto era posible, llegó hace unos días,
sólo partían cartas que demoraban en arribar,
ahora es distinto, puedo conversar contigo.

Lejos de la mirada

Ciertos hechos que se dan por sentado perecen,
se parten como piedras expuestas al clima,
se trizan de a poco con el paso de los días,
se convierten en guijarros y polvo lentamente.

Los muros cubiertos de vegetación insistente,
yacen perdidos en los confines de la selva verde,
lianas y raíces los atrapan bajo la lluvia,
su fortaleza empieza a decrecer en silencio.

Quizás qué secretos se deslizan por los caminos,
las respuestas yacen bajo capas inesperadas,
la mirada no ve los flujos de aguas subterráneas,
todo está en calma en el silencio de los bosques.

Todo es relativo en las fronteras del pensamiento,
Hay que estudiar con otras herramientas el viento,
se debe mirar a través de otras dimensiones,
para encontrar las causas del cambio de la luz.

La mano que recibe pulsaciones desde el infinito,
puede sentir el estado de las cosas que circulan,
los universos a veces parecen incomprensibles,
hay que aceptar los misterios que trae el viento.

Códigos antiguos

Al descifrar los ocultos sistemas de la vida,
vamos escudriñando en los códigos ancestrales,
los secretos están siendo develados en los campos,
en los árboles y en la inmensidad del mar azul.

Jugar con esas piezas de un ajedrez complejo,
moviendo un conjunto de ladrillos ordenados,
trae peligros que no se pueden apreciar en el día,
pero que pueden hacer perecer algo alguna tarde.

Las manos comunes, ahora parecen de dioses,
abrir el baúl de intrincados secretos guardados,
nos puede traer imprecisos estados no esperados,
la mirada quizás no entiende el todo acumulado.

La siempre presente soberbia de seres imprecisos,
encontraron las llaves de compartimientos exactos,
no se puede entrar en esos reinos intransitados,
con los pies sucios y con poco brillo en la mirada.

Hay que cuidar los códigos de antiguas creaciones,
tener una mirada superior de lo que se puede hacer,
esos secretos no pueden caer en campos vacíos,
hay un peligro al tener las llaves en las manos

Cosas etéreas

Los pasos me llevaron a pueblos inviables,
a amaneceres confusos sin certezas aparentes,
a universos desechos a la vera del camino,
a veces compro ilusiones para llenar mi bolso.

Todas las cosas tienen secretos para entenderlas,
delgadas paredes de alambres casi ilusorias,
proyectos con luz que enceguece los sentidos
son puertas en el aire que unen mundos inciertos.

Quizás debo desandar estas rutas en la niebla,
anudar cosas más sólidas para capear la lluvia,
abrir el bolso para escuchar cantos de pájaros,
mundos de existencia efímera y cosas por el estilo.

Hay sectores plagados de árboles y rocas y aguas,
allí se pueden construir cabañas en los bosques,
se siente la realidad en cada paso en el sendero,
nada se desvanece, todo lleva a nuevos destinos.

Una cortina cobija la verdad de los movimientos,
ciertos pasos incomprensibles no tienen sentido,
paso por grandes burbujas iridiscentes olvidadas,
con pasillos en los árboles que llevan a otras costas.

Sinusoides

Un viento fresco traspasa la mañana hoy,
y el ruido del mar espumoso con olas llega,
son días de invierno llenos de nubes negras,
con cantos de pájaros que flotan en el cielo.

Toda esta quietud al final de los caminos,
es como una repetición de un viaje circular,
de otros tiempos que se diluyen lentamente,
y que aún persisten en otro lugar y mirada.

Hay una sensación de lugares ya visitados,
se transita por veredas conocidas y antiguas,
las nuevas miradas y las formas ya no hablan,
nuevas herramientas los han transformado.

Ciertos espacios son eternos y pueden visitarse,
todo allí es estático, el tiempo pierde su sentido,
ha quedado inscrito en las paredes y en el aire,
son bóvedas olvidadas de otras civilizaciones.

Algunas gotas de una lluvia imprecisa caen,
el tiempo a veces transcurre, otras se detiene,
son inicios y finales de ondas siempre iguales,
y así un nuevo despertar comienza desde antes.

Evanescencia

Algunos destellos aún transitan bajo el cielo,
pero de a poco se van extinguiendo en la tarde,
una creciente oscuridad se acerca silenciosa,
pequeñas cosas la anuncian en las paredes rotas.

Todo comienza a ponerse lento y brumoso,
los árboles dejan caer sus flores y aromas,
un silencio inusual se disemina por el bosque,
las criaturas callan en las ramas y rincones.

Hay una especie de eclipse que se aproxima,
la incertidumbre cae desde lugares ignotos,
un rumor de tiempos perdidos se descuelga,
la mirada encuentra el sentido final de todo.

Leves brisas de quietud llegan a los sentidos,
las claves se encuentran al alcance de la mano,
los inciertos caminos convergen hacia un todo,
se descifran los elementos dispersos de los días.

Una debilidad se instala en la mirada,
una brisa arrastra resignación y espera,
todo ya parece cercano y a la vez más lejano,
mientras se escurre la arena entre mis manos.

La tecnología

Infinitas variaciones tiene el viento,
cada día las cosas cambian un poco o mucho,
se pierde la mirada en abalorios sin importancia,
se aturden los sentidos con tantos caminos.

Una vez me interné por esos mundos incesantes,
pero al llegar a un destino, este se alejaba,
y al pasar los años siempre era lo mismo,
cuando lo iba a tomar con mis manos, no estaba.

Es imposible atrapar el viento sólo con ramas,
se disemina la angustia por este mundo sin fin,
infinitas variaciones sobre lo mismo aparecen,
en un ir y venir de absurdas naderías.

Los verdaderos núcleos son unos pocos,
llegan algunas veces brillando en esa maraña,
aparecen los mercaderes haciendo malabarismo,
hipnotizando a creyentes que viven en carpas.

Es un sinsentido, una fiebre de inventar,
son titiriteros de un espectáculo agotado,
así que un día encontré una oculta salida,
dejé aquel circo y salí a respirar aire puro.

La escritura

Mientras pensaba sobre que escribir hoy,
nada venía a mi mente que estaba dispersa,
observaba mis libros y algunos lápices,
nada tenía que decir, había un vacío de ideas.

Me olvidé de escribir y abrí el escritorio,
me entretuve probando algunas lapiceras,
mirando algunas fotos nuevas y antiguas,
luego de media hora, me volví a concentrar.

Grandes ideas intentaba capturar en tinta,
pero era un día lleno de distracciones,
olvidé mis cavilaciones y me puse a leer,
cosas que tenía escritas sobre viajes lejanos.

Me distrajo una llave que goteaba,
me planteé la firme tarea de arreglarla,
luego caminé a mi terraza a ver el mar,
me quedé mirando sus olas y el color azul.

Y así pasaron las horas y nada se me ocurría,
mis pensamientos caminaban en las nubes,
cerré mi pluma, guardé las blancas hojas,
y quizás otro día algo luminoso se me ocurra.

Otros tiempos

Algunos pasos retornan por pasillos del tiempo,
ciertos rastros aparecen desde la nada,
historias comunes ya casi olvidadas renacen,
son destellos de luces que ya se apagaron.

Es una reminiscencia de cielos pasados,
de antiguas aguas, de largos vientos y soledad,
todo está plagado de ausencias y voces,
son imágenes que aparecen en el atardecer.

Algunos silencios se sienten estruendosos,
los mundos nuevos tienen una carga de olvido,
se superponen a esos senderos del tiempo,
y borran de a poco todo esa parte del ser.

Quizás es mejor avanzar en los mundos actuales,
esas lejanías perdidas quedaron en el camino,
carecen de sentido, son brumas de algunos pasos,
y a veces no hay nada que decir, todo se diluye.

Y así se pasa la vida recorriendo múltiples esferas,
abriendo algunas nuevas puertas y cerrando otras,
y quedan residuos que la mente ya olvida,
y aparecen fragmentos alguna tarde cualquiera.

Algo atemporal

Unas notas de antiguas canciones llegan,
melodías que trasportan pasados sueños,
de lejanos campos y países llenos de sol,
hoy entran por mi ventana trayendo alegría.

Hay cosas que son inmortales en su esencia,
algo tienen que sobrepasan generaciones,
fue una clave que fue descifrada en la tarde,
fue un acierto de un día lleno de creatividad.

Las situaciones humanas siempre son iguales,
sólo cambian los medios con que se afrontan,
pero los sentimientos son de la misma forma,
en la máquina más antigua de la evolución.

No la afectan los años, siglos o milenios,
siempre funciona de la misma manera,
sus secuencias se repiten por generaciones,
es el cerebro humano con sus sentimientos.

Por eso da lo mismo que aparatos existan hoy,
son sólo un medio más o menos eficiente,
pero al final del día carecen de toda importancia,
lo real está en la mirada, que tiene imaginación.

Tinta y pensamiento

Hay efluvios de tinta que dibujan trazos,
llevan en su forma una esencia distinta,
dibujar las letras con la mano da tranquilidad,
es un esfuerzo del cerebro por hacerlas.

No es lo mismo apretar una tecla cualquiera,
siempre igual, no importando el símbolo,
se siente una satisfacción escribir a mano,
da una señal de profundidad y habilidad.

Es distinto, no hay que lidiar con la tecnología,
es un acto de profundo sentido humano,
dónde se ocupan los músculos, la mirada,
el pensamiento en un todo amalgamado.

Fluyen más fáciles las ideas en este terreno,
sin distractores tecnológicos interfiriendo,
se está ante uno mismo y sus habilidades,
como ha sido la creatividad de los hombres.

Es más productivo usar una simple pluma,
las máquinas y sus fallos trizan la mirada,
cuando la mano esparce la tinta, fluye la vida,
es más humano crear a partir de la simpleza.

Un nuevo comienzo

Nuevas claridades se perciben a lo lejos,
los tiempos nuevos arrastran cambios,
otras brisas, nuevos cielos y cantos llegan,
quizás sea una puerta a nuevas realidades.

Y viajando por diversos planos ambiguos,
se abre por revelación un nuevo paisaje,
desconocido, cálido y que trae tranquilidad,
con un verdor inusual y un aroma nuevo.

Hay una especie de alegría en las ventanas,
rayos de luces de diferente naturaleza caen,
dimensiones distintas se abren en las paredes,
los campos cosechan frutos de lejanas tierras.

Algunas personas se bajan de la vida,
caminan en círculos por la arena seca,
recordando pasadas esferas en que viajaron,
abandonando la búsqueda de otros portales.

Prefiero buscar rutas en el viento fresco,
descubrir nuevos mundos al otro lado del río,
proseguir el viaje por otros valles y ciudades,
sin bajar las manos ante nuevos universos.

Diversos trazos

Distintas huellas van quedando al transitar,
sobre la arena, el cemento y también en la nieve,
va quedando un rastro por donde pasamos,
en dibujos en el viento o en vidrios de colores.

Hay voces que quedan en los pensamientos,
hay aromas de pinos, de mares, rocas y lugares,
a veces llegan despertando espacios olvidados,
son inductores de otros sitios y otros tiempos.

El aroma que extrae la lluvia de los árboles,
dispersa una mezcla de esencias por el aire,
también las diminutas gotas al romper las olas,
traen ese intenso y salado sabor del océano.

Las manos y las letras crean recuerdos de papel,
melodías no audibles hechas de palabras mudas,
eternas en el tiempo que se guardan por siempre,
es una leve inmortalidad de los pensamientos.

Caminando por bosques, llanuras o playas,
hay algo invisible que invade los sentidos,
a veces son aromas y otras veces son sonidos,
que quedan guardados y una tarde regresan.

Días claros

A veces el aire está limpio y se ve la lejanía,
el paisaje parece más grande al mirarlo,
las montañas y el mar parecen estar más cerca,
esos días se pueden casi tocar con las manos.

Se revelan detalles que la bruma ocultaba,
aparecen más cerca a nuestros ojos y con detalles,
traen una sensación distinta, de otro tiempo,
el aire es como un cristal de transparente belleza.

Es como mirar un cuadro colgado de la naturaleza,
trae una tranquilidad distinta a otras sensaciones,
aparecen colores y texturas en todos los rincones,
y quizás alguna brisa que refresca la mirada.

Los sonidos también viajan más lento y susurran,
generalmente hay altas nubes que se presentan,
es una ventana de nitidez absoluta que se abre,
dejando una fotografía que trasciende épocas.

Un canto de paloma, ruidos de ramas al viento,
una quietud de eternidad se esparce esos días,
es como si el paisaje se hubiera limpiado de todo,
y nos regalase un rostro nuevo de ancestral esencia.

Mis Guitarras

Hoy sin pensarlo recordé a mis dos guitarras,
hace mucho tiempo que no están en la casa,
desaparecieron en una esquina del sendero,
ni siquiera recuerdo cuál fue su destino.

Nunca aprendí a tocar, no era mi talento,
a veces les sacaba notas muy aficionadamente,
su sonido se fue apagando como otras brisas,
luego quedaron olvidadas a la vera del camino.

Son esas cosas incomprensibles que hacemos,
quizás fue un sueño, quizás un fluir de las cosas,
mis manos no tenían afinidad con su barniz,
y acumularon polvo y mudanzas hasta su final.

Fotos antiguas, sonidos arrastrados por el tiempo,
unas furtivas melodías forzadas a sus cuerdas,
una canción para calmar los inicios de la vida,
sirvieron de adorno y luego se vistieron de olvido.

A veces cruzamos a dimensiones que son ajenas,
y el tiempo nos dice que no era nuestro camino,
lo mío no eran las notas, sólo escuchaba melodías,
y se esfuman en el tiempo el sonido de sus maderas.

Todo ya colapsa

Los días llegan inevitables como el viento,
cada vez se reciben con un entusiasmo menor,
el entorno ha cambiado y nada es lo mismo,
quizás estamos fuera y no nos damos cuenta.

Los nuevos tiempos han llegado estériles,
se han cerrado los portales de los pasos de antes,
circula una especie de desidia en las laderas,
se vive en mundos estériles sin nada en la mirada.

Existe un cansancio mientras pasan difusos rostros,
llenos de una cuestionable sabiduría que sonríen,
caminando algunas sendas propias lejos de todos,
carentes de sabiduría y diseminando incertidumbre.

Una especie de indecisión provoca la dicotomía,
se está empezando a completar el ciclo vital,
ya se ha llegado a lo más alto de la sociedad,
ahora las fuerzas del destino empiezan a descender.

Es un carnaval de disfraces que danzan en la noche,
las ramas de los árboles se quiebran y se diluye la luz,
traen cansancio estas infinitas representaciones,
en un mundo que colapsa y se sigue disgregando.

Aires de primavera

Hay una brisa, un mar y un aire de primavera,
llegó a las costas del océano pacífico en que habito,
no sé qué trae el aire que induce paz este día,
quizás son mensajes ocultos enviados por el sol.

Hay una luminosidad especial en la atmósfera,
una carga de rocío y aromas dormidos despiertan,
y desde el fondo de nuestra ancestral genética,
se asocia con cosas buenas, luego del invierno.

Pero no es sólo eso, también trae retazos perdidos,
qué nos traslada a otras primaveras y sus espacios,
y el sentimiento es el mismo, sólo cambia el tiempo,
y una energía casi olvidada retorna a los pasos.

No hay misterio, son los iones negativos que llegan,
surgen de los rayos del sol y del batir de las olas,
y al respirarlos nos sentimos felices en el sendero,
llenando los campos y bosques de nuevas visiones.

En su conjunto, nos trae nuevas ideas y planes,
nos transporta a otros valles, a otras rutas caminadas,
y siempre trae el dulce aroma de una paz enredada
en los suaves vientos, en el sol y el mar de estos días.

Situaciones inesperadas

Una gran alegría circula este día,
los sonidos anuncian nuevos cielos,
hay lugares que llegan en la mañana,
los sentidos se visten de energía.

Se preparan nuevas y discretas herramientas,
los derroteros se anuncian en el horizonte,
los días transcurren en largas esperas,
las naves se preparan para la travesía.

Cruzando ríos, desiertos y montañas,
se llega a nuevas tierras llenas de misterios,
la mente abierta y los sentidos despiertos,
nuevos caminos y salones se abrirán mañana.

Tiempos de incertidumbres cruzan las ramas,
la brisa mueve los frutos de los árboles,
antiguas civilizaciones aparecen en el camino,
una madrugada cualquiera me transportará.

Y así en tierras ajenas a todas las miradas,
pero coincidiendo con el rumbo del viento,
se conjugarán hojas y palabras universales,
en otros lugares, otros tiempos y otros hombres.

Algunas incertidumbres

A veces el pensamiento entra en espiral,
las cosas acumuladas se van por otros caminos,
no se vislumbran las salidas en el bosque,
todo se cierra con el verde follaje del día.

El final de los caminos parece agreste,
el sonido a veces suena disonante,
ya no es lo esperado, se ha quebrado el cielo,
y ciertos trozos de él caen a mis pies.

Algunos lugares van quedando en sombras,
el celeste empieza a tornarse casi en gris,
las madrugadas arrastran cierta angustia,
una especie de soledad paraliza la mirada.

Quizás sean sólo ecos de las cosas que fluyen,
a veces la mente teje historias agrestes,
pueden ser sólo el sonido de los nuevos pasos,
sólo es la vida que transcurre sobre la tierra.

Se superponen imágenes y senderos difusos,
convergen en el horizonte retazos de pasados,
nada se puede hacer en este estado de las cosas,
sólo seguir caminando en busca de un arroyo.

El encuentro

Después de transitar por muchos cielos,
hoy me encuentro remontando otro distinto,
ya han transcurrido enormes distancias,
el tiempo circula trayendo su cadencia.

Los primeros pasos ya lejos en el tiempo,
están más cercanos y empiezan a sentirse,
la mano ya disemina sus propios pensamientos,
las alas baten su nuevo plumaje estos días.

Y así en tierras lejanas se junta la mirada,
los pasos que se dieron en otros tiempos,
ahora vuelven con nueva mirada en el otoño,
algo ha cambiado en estos mundos convergentes.

Y así pasan las cosas por estas rutas nuevas,
aquellos tiempos de mirada inquieta y lejana,
retornan en nuevas esferas que se funden,
mientras la mía se difumina lentamente.

Cruzamos el viento y acantilados verdes,
llegará volando con sus propias alas abiertas,
y miraré como se desplaza en el ancho cielo,
el mismo que volé y que ahora le pertenece.

Otros portales

Hay ventanas que muestran otras dimensiones,
otros mundos distantes, otros senderos,
y de este modo desde la simpleza de las cosas,
comparto visiones y miradas de lugares y cielos.

Y así se puede navegar por lagos cristalinos,
por senderos de bosques y ferrocarriles,
por playas y bahías y senderos rocosos,
por pequeños pueblos y también por aldeas.

Remonto ríos y pesco en sus aguas verdes,
descanso en la arena y me siento junto al fuego,
escucho lenguajes de gentes de otras tierras,
veo a través de sus ojos, sus manos y sus sueños.

Son esos pequeños lugares cotidianos,
que llegan sin prisa remontando espacios,
trayendo visiones de la simpleza de la vida,
que se repiten inexorablemente en otras esquinas.

Un mundo ancho recorro con sus luces,
vidas lejanas que describen sus mundos,
quizás es más de lo que muestran los libros,
es la vida misma, simple y compleja a la vez.

Algunas veredas

Para llegar mejor transité otras veredas,
y no fueron lo que se esperaba,
se esfumó el tiempo mientras las remontaba,
y al final sólo había viento en mis manos.

Largos años consumidos en el hacer,
visiones extraviadas sin sentido aparente,
pasos dados sobre las nubes del día,
lejos de todo, solitario en esos territorios.

A nada llevaron estas nuevas sendas,
en la luz de la tarde, sólo había el crepúsculo,
algunas torres solitarias en las praderas,
eran sueños anclados en un mar inmenso.

Navegando por mundos irreales avancé,
llegué a dimensiones perdidas allá lejos,
quizás ese era el destino de las cosas,
eran viajes estériles que emprendí alguna tarde.

Ahora de nuevo construyo otras veredas,
en territorios más cercanos y más luminosos,
pero aquel tiempo gastado navegando sueños,
pareció hermoso y me transportó a otros mundos.

Cierta música

Hay melodías que viajan más allá del día,
todo lo envuelven en un halo casi irreal,
construyen mundos incesantes y etéreos,
que transportan a lugares inexistentes.

A veces se desdobla el ser en sus manos,
entra por corredores inalterados del día,
y se camina en otras dimensiones solitarias,
donde no se toca el mundo material.

Da una sensación de haber partido,
de estar muy lejos, casi sin poder retornar,
al presionar ciertos sentidos desconocidos,
y todo se desliza por veredas lejanas y leves.

Es una combinación de estar y haber partido,
como flotando en una sustancia desconocida,
que al retornar desde esos bordes dorados,
el entorno ya no es el mismo, ha cambiado.

Todo se mira de otra manera, las cosas,
el tiempo presente, las manos y los libros,
es una especie de resurrección sin haber partido,
y se observa todo como retornando de un largo viaje.

Paisajes cambiantes

Algunos cerros de colores claros observo,
junto a ríos que fluyen en su eterno avance,
bajo el sol y luminosidad del cielo celeste,
que cobija también playas y arenas.

Las brisas oceánicas que contaban historias,
conversan con mi cabello y mi mirada,
caminé extensas costaneras con palmeras,
y el entorno se desvanece en la senda.

Luego alturas, lagunas en el cielo y silencio,
un diálogo con soledad, viento y nieve,
mirando la inmensidad y la alta soledad,
es un mundo estéril del principio de los días.

Avanzando por selvas y grandes ríos,
cruzando la noche y el agua interminable,
lluvias eternas imposibles de entender,
playas muy blancas, otros mares y otras flores.

Luego paisajes reconstruidos en el mar,
eternos bosques rodeados de espejos de aguas,
interminables colores y praderas incesantes,
me rodean mientras cruzo un trozo de la vida.

Otra forma del ser

Deambulo por paisajes que se abren,
cómo si no tuviera cuerpo que llevar,
una liviandad inesperada se presenta,
no hay limitaciones, todo fluye distinto.

Es sólo una energía que se desplaza,
carente de preocupaciones, sólo avanza,
existe una desconocida profundidad
en este nuevo mundo en que me interno.

Una carga innecesaria se desvanece,
y aparecen horizontes nuevos allá lejos,
sin angustias, sin cuidados ni peso,
es una nueva dimensión sin límites.

Remontaré paisajes y mundos lejanos,
llegaré a nuevas montañas inéditas,
quizás salga para observar el mundo,
y flotar en la nada viendo todo azul.

No hay límites para explorar la luz,
es sólo el equipaje que nos demora,
que nos deja recorriendo ciertos lugares,
en vez de partir a un viaje sin límites.

Tiempo infinitesimal

La mirada despertó hace 2,5 millones de años,
luego las manos y los ojos se unieron y crearon,
primero sólo cosas cotidianas de aquellos días,
y así avanzamos comunicándonos poco a poco.

El primer homo sapiens apareció una tarde,
en un lugar hace no más de 300.000 años,
quién comienza lentamente a definir su mundo,
sin avances significativos por densos milenios.

De esa forma el cerebro se iba amoldando,
los cambios se procesaban lentamente en la mirada,
y los pasos no cambiaban mucho en la tarde,
los días siempre iguales definían la existencia.

Apenas ocho mil años atrás empezó la escritura,
y así todo se aceleró más allá de lo permitido,
quedando el cerebro cada vez más atrás,
los acontecimientos se precipitaron rápidamente.

De pronto en apenas un siglo, descubrimos todo,
abrimos la caja que contenía todos los secretos,
avanzamos y nos dimos un festín con todo aquello,
que nuestro antiguo cerebro no puede asimilar.

Al final del horizonte

Un día cualquiera se cerró el paisaje,
las aves dejaron de volar sobre el cielo,
los caminos se terminaron en la tarde,
todo empezó a decaer en los ríos y montañas.

Algo había descendido sobre la mirada,
llevándose el brillo de antiguas primaveras,
los pasos dejaron de avanzar en las llanuras,
el mundo era muy grande y sin sentido.

Allá en la lejanía siempre visitada,
ahora sólo se atisban sombras y cansancio,
el secreto mundo de los sueños se ha ocultado,
las distancias son muy grandes para alcanzarlos.

Sentado a la vera del camino descansando,
mi mochila en la arena y la mirada en el suelo,
no se percibe un mañana allá en la esquina,
es tiempo de retornar a los antiguos cuarteles.

El tiempo ha llegado sobre una suave brisa,
sin decir nada muestra una nítida claridad,
ya es hora de arriar las velas, cerrar los postigos,
aceptar que ya no quedan océanos ni caminos.

Profunda verdad

Los días suceden con su cadencia,
hay afanes que cada uno de ellos trae,
pero nada relevante hay en sus manos,
largas rutinas como un rito que cumplir.

El corazón del silencio todo lo acompaña,
por qué suceden las cosas es un misterio,
se realizan cuidados propios del seguir aquí,
es la subsistencia cotidiana del ser.

Todo fluye carente de real significado,
es el arte de sobrevivir dictado por instinto,
por una consciencia profunda del pasado,
nada es más importante que sobrevivir.

Día a día se trastocan las prioridades,
las metas están marcadas en los códigos,
son diferentes a los que hemos inventado,
son más profundos y más trascendentes.

Pero la naturaleza sabe cuál es su curso,
reconoce las verdaderas prioridades del día,
y desplegando todas sus herramientas,
nos trae de vuelta la verdad de la vida.

La mirada

Hay días que la mirada viaja cansada,
llega a lugares llenos de inquietudes,
y no logra reposar de los avatares del día,
se pierde por veredas difusas que aparecen.

La palabra se retrae en estas tardes grises,
se interna en mundos más herméticos,
los sonidos se atenúan en la atmósfera,
y los pasos buscan refugio en la penumbra.

Pero hay que buscar los portales ocultos,
aquellos que a veces están en las esquinas,
y llegar a nuevos lugares con más alegría,
para respirar aromas de pinos y bosques.

Las situaciones deben quedar perdidas,
no todo viene del espíritu en ocasiones,
hay que absorber algunos colores y sonrisas,
es el inicio para volver a extender las alas.

Un pensamiento catatónico a veces circula,
se va apoderando lentamente del cielo,
pero siempre hay pasajes secretos a la luz,
que debemos buscar para seguir el camino.

Espacios y jardines

Hay espacios que existen en silencio,
son mundos que orbitan sin tiempo,
que sirven de refugio en noches tormentosas,
y permiten surcar dimensiones agrestes.

Los jardines ocultos a ciertas miradas,
florecen cada primavera entre los muros,
diseminando paz y aromas de esperanza,
como una nación de fuentes y ramas.

Estos mundos conviven con nuestra mirada,
pero a veces no nos percatamos de ellos,
sólo hay que mirar hacia otras dimensiones
y los encontraremos para conversar con ellos.

Es posible remontar viajes a nuevas tierras,
viajar a mundos llenos de pensamientos,
orbitar en torno a todos los conocimientos,
trascender la mirada de un tiempo que termina.

Y así entre refugios que existen en los días,
cobijarán los pasos y cansancios del viento,
para absorber las energías allí acumuladas,
y seguir fluyendo por el río que navegamos.

Espacio y silencio

El tiempo pasa por mis manos y mi mirada,
lejos de ti que sólo te presiento a veces,
allá en la lejanía cerca del viento y las nubes,
un silencio cubre la distancia hasta el hogar.

Ya no existen motivos para mirar lejanías,
mientras la aurora y el crepúsculo se unen,
un vacío se propaga por los caminos,
desapareciendo los días tras las montañas.

Son los últimos pasos que imponen espacios,
obteniendo casi nada por estas soledades,
no existe sentido para abandonar la luz,
para retornar sin nada en la oscuridad.

Es un reino estéril que habito y camino,
entre una multitud lejana y de otro tiempo,
es un castillo abandonado que persiste,
una ciudad olvidada por nubes y cantos.

El tiempo se escurre por las fisuras,
son los postreros caminos que se transitan,
sin sentido se malgastan los últimos pasos,
ya es hora de detenerse y retornar a casa.

Un nuevo amanecer

Ya se determinó que la lluvia cese,
que el viento disminuya su velocidad,
que los días no sean tan grises en las tardes,
y que la primavera demore más en partir.

Hay un cambio de rumbo en el universo,
nuevas versiones sobre un mismo sendero,
se van cerrando antiguos portales de maderas,
van quedando esos mundos rezagados.

Hay nuevas sensaciones de otros firmamentos,
el paso lento por esos mundos cesa,
se abren nuevos caminos no visualizados,
se accede a otras tierras, montañas y ríos.

Los goznes rechinan y su herrumbre cae,
una sensación de libertad y colores llega,
se observan nuevos cielos y cantos de pájaros,
y el pensamiento remonta a otras alturas.

Y caminaré contigo nuevamente a otros días,
de la misma forma que hasta ahora,
y será una nueva aventura en otros cielos,
mientras una suave brisa nos despeja el sendero.

Desde lejos

Desde la aurora de todos los elementos,
aparecen de a poco ciertas formas de vida,
simples, frágiles, de existencia precaria,
que se mueven insinuando nuevos tiempos.

En el crisol donde se fundieron las cosas,
se amalgamaron tiempo, agua y otros secretos,
una mano invisible escribió los códigos,
se grabaron en pequeñas espirales y volaron.

Infinitas especies de semillas se esparcieron,
fueron cayendo en campos propicios a la luz,
los días extraen todas sus herramientas,
y una mañana cualquiera aparecieron unas manos.

Un enorme y variado tránsito de seres pulula,
y van creciendo según lo dicte el destino,
y en un recodo del tiempo se vislumbran
algunos seres frágiles que van avanzando.

Y de este modo, su mirada fue más profunda,
ya no traía grandes peligros el viento,
salió de los oscuros pasadizos hacia una nueva luz,
y caminó uniendo su mirada y sus manos.

Otros estados lejanos

Más allá de las cosas cotidianas del día,
se vislumbra entre toda esa densa niebla,
una mirada distinta que observa el futuro,
es una fuerza que a veces llega desde lejos.

Hay que hacer un esfuerzo para ver el horizonte,
que a veces está oculto por paredes invisibles,
hay atajos mentales que nos extravían los caminos,
y nos perdemos con el pasar de los días grises.

Pequeñas porciones de esas visiones lejanas
se van acumulando y formando sueños,
y así un día cualquiera van haciéndose corpóreas,
y se convierten sin saberlo en trozos de realidad.

Como un orfebre minucioso se construyen mundos,
para poder viajar luego a esos nuevos reinos,
frondosos, cálidos a la mirada y al pensamiento,
y que fueron construidos con las propias manos.

El bullicio del día a veces no deja escuchar
aquellas notas melodiosas que están perdidas,
pero internándose por caminos secretos a otros ojos,
se puede llegar a escuchar esta bella melodía.

Nuevas búsquedas

Los días pasan con su cadencia de espera,
las horas transcurren entre nubes blancas,
una especie de carrusel trae atardeceres,
con colores y sensaciones de brisas marinas.

Una tranquilidad se ha posado en el jardín,
las madrugadas avanzan presurosas,
al final todo se enfrenta con cierta soledad,
los caminos del viento se abren ciertas tardes.

Es un acto final de persistencia ante mis ojos,
un camino más entre otros tantos caminados,
un persistir en mundos que se esfuman,
una marcha a lugares en tiempos que se eclipsan.

Todo es como un viaje a otras dimensiones,
son trayectos que se diluyen en el infinito,
es explorar con las últimas luces de la tarde,
otros universos, que quizás no logren persistir.

Es aquel brillo en la mirada que permanece,
son las manos que buscan en vano otras rutas,
pero sólo es un viaje a otras antiguas huellas,
esas que se perdieron en mundos ya extintos.

Invierno inusual

Hoy estamos a la mitad del invierno,
pero los días son de una primavera extraviada,
que ha perdido el rumbo, se ha desviado,
hasta los pájaros vuelan erráticos en la brisa.

Son tiempos sin brújula en el aire,
algo inexplicable sucede en el cielo,
son los ciclos eternos del viejo planeta,
que tiene sus propios códigos antiguos.

Unas nubes blancas desgarradas cruzan,
como retazos de telas difusas,
todo es extraño en este día singular,
los pensamientos se sienten perdidos.

Ciertos mensajes vienen del firmamento,
traen entre sus pliegues aires distintos,
vienen instrucciones para las aguas,
también para el sol, los árboles y el viento.

Hoy el invierno se ha ido por otros rumbos,
quizás mañana retorne nuevamente,
pero hay algo que circula por las nubes,
inexplicable, impreciso, que provoca inquietud.

Sólo sendas

Algunos días renacen desde otros,
se conectan sin sentido del tiempo,
no existe libreto para todos los pasos,
sólo se circula por los senderos disponibles.

Los sueños anclados en noches de lunas,
derivan por praderas y árboles lejanos,
el significado de las cosas se diluye,
nada queda, sólo residuos de colores.

Los espacios están quietos y solitarios,
muchos se han marchado a otros lugares,
los bancos de los jardines están vacíos,
los pájaros siguen cantando como entonces.

Surgen voces desde lugares ocultos,
indicando que todo está bajo las aguas,
que ciertos espíritus permanecen deambulando,
buscando las salidas secretas en las ramas.

Navegando en océanos sin horizontes,
oteando arenas para lanzar el ancla,
el barco sigue la estela de algunos sueños,
que permanecen aún en los pensamientos.

Una nueva ruta

Las cosas pierden color en el ocaso,
la suave luz del atardecer las transforma,
ciertas esquinas del tiempo se abren,
se unen momentos distantes en ellas.

Algunas manos y voces se presentan,
atraviesan dimensiones ya lejanas,
materializándose como si todo fluyera hoy,
es un mundo distinto con esos vestigios.

Los pasos y pensamientos toman otros senderos,
se alejan del presente lleno de ruidos,
de carreras y prisas incesantes sin destino,
se desdobla el ser y flota en nuevas estelas.

La nada se materializa en forma sólida,
todo queda atrás en este viaje que prosigue,
el sentido de las cosas ya sólo es relativo,
hay un mundo que se desvanece en sus rutinas.

Y así la tarde se va cerrando en sí misma,
los torbellinos de rayos de colores fluyen,
una sensación de profundo infinito se siente,
en esta lejana tarde carente de todo presente.

Índice

Chapter 3

STEP 1 : HOW TO AWAKEN YOUR PURPOSE AND CONNECT WITH CUSTOMERS

WHY CUSTOMERS CARE ABOUT YOUR PURPOSEFUL PATH

In this step, I'm going to share with you the most powerful way to inspire your customers to buy from you. I'm also going to guide you so that you can avoid the biggest mistake startups make when they communicate about their business. It's my goal to help you avoid the branding mistakes that could potentially lead to your startup failing.

If you want to make a profit and make a difference, the most powerful way to brand your business comes down to this question:

Why does your company exist beyond making money?

The goal for answering this question is to connect with your customers on an emotional level. It's not about telling your customers why the features and benefits of your product or service are better than the competitions'. It's about your brand connecting on an emotional level with your customers because that's what motivates them to buy from you.

Your business is your personal opportunity to make a positive difference in the world.

Features and functions of a product or service are often easy to replicate. Communicating what you sell is not what creates loyalty and a lasting connection with your customers. If you want your customers to rally behind you and if you want to stand out and help your customers choose wisely, you

www.ingramcontent.com/pod-product-compliance
Lightning Source LLC
LaVergne TN
LVHW010611160826
845677LV00013B/3363

* 9 7 9 8 3 5 2 3 9 4 2 3 6 *